JN419028

| 개정증보판 |

한스 요나스의 생태학적 사유 읽기

『책임의 원칙』 독해

| 개정증보판 |

한스 요나스(Hans Jonas)의 생태학적 사유 읽기

- 『책임의 원칙』 독해 -

1판 1쇄 2013년 08월 30일
2판 1쇄 2017년 09월 20일
발행인 오덕성 지은이 양해림
펴낸곳 충남대학교출판문화원 주소 대전광역시 유성구 대학로 99
전화 042-821-6045 홈페이지 www.cnupress.co.kr E-mail cnupress@cnu.ac.kr

ISBN 978-89-7599-641-2 93160
정가 9,000원

Hans Jonas

| 개정증보판 |

한스 요나스의 생태학적 사유 읽기

『책임의 원칙』 독해

양해림

충남대학교출판문화원

이 책이 지난 2013년 제1판에 이어 다시 증보판으로 독자들에게 선보이게 되어 기쁘게 생각한다. 필자로서는 이 책이 독자들에게 환경문제를 조금이나마 인식하는데 보탬이 되어 보다 많은 사랑을 받는다면 더 이상 바랄 것이 없겠다. 이번 증보판에는 요나스의 『책임의 원칙』독해읽기를 전반적으로 수정, 보완했다기보다 각장에서 내용이 미진한 부분들을 중심으로 기술했다. 예컨대, 제1장, 생태위기의 도래, 제3장, 인간은 왜 자연에 귀를 기울여야 할까, 제5장, 칸트윤리학의 생태주의적 전회, 10장, 블로흐의 희망철학에 대한 요나스의 비판 등을 추가적으로 보완했다. 그리고 전체적으로 오타 및 비문장들을 수정했다.

21세기 오늘날 생태 위기의 관점에서 요나스의『책임의 원칙』이 우리에게 긍정적인 측면을 찾는다면, 현재 잔뜩 왜곡된 이성의 자화상을 회복시켜 과학기술문명에 대한 책임윤리의식을 찾아내는 것이다. 요나스의 새로운 책임윤리의 명법, 즉 "너의 행위의 효과가 진정으로 지상에서 인간적인 삶이 지속적으로 조화될 수 있도록 행위하라", "너의 행위의 효과가 인간생명의 미래의 가능성에 대해 파괴적이지 않도록 행위하라.", "지상에서 인류의 무한한 존속을 가능하게 하는 여러 조건들을 위협하지 말라."와 같은 명령들은 21세기에도 여전히 우리의 지속적인 실존을 위해 귀담아 들여야 하는 소중한 명구이다. 하지만 우리는 생태위기가 심각하게 목전에 닥치기 전에 이러한 말들이 쉽게 피부에 와 닿지 않는다.

요나스의 『책임의 원칙』에서 생태위기에 관한 "공포의 발견술"이라는 개념은 향후 미래의 불확실성을 예언하는 여러 규칙이나 예시들을 동원하여 훌륭하게 소화했다고 할 수 있다. 요나스는 실제로 우리가 무엇을 보호해야 하는가를 알아내기 위해 우리가 바라는 희망보다는 오히려 공포를 논의의 대상으로 삼아야 한다는 것이다. 우리는 무엇인가 위기에 처해 있다는 사실을 인식할 때, 비로소 무엇이 위기에 처해 있는가를 알게 된다. 그러나 희망은 미래에 무엇이 위기에 처할 것이며 무엇을 보호해야 할 것인지를 말해주지 않는다. 말하자면 이제 인류는 좋은 것만을 선별하고, 최고선(善), 희망과 같은 것에만 심취하기 이전에 향후 닥쳐올 불행의 예언에 귀를 다함께 기울여야 한다는 것이다. 요나스의『책임의 원칙』은 현세대뿐만 아니라 미지의 미래세대에 대한 책임윤리의 내용들을 심층적으로 담고 있다. 그래서 요나스의『책임의 원칙』은 미래세대에 대한 책임이자 동시에 현세대가 미래세대에 대한 의무를 종종 말한다. 이것은 개개인의 행위를 선택함에 있어서 현세대뿐만 아니라 미래세대의 이익을 고려하는 윤리이기도 하다. 특히 우리가 미래세대를 중요시 여기는 입장에서는 가까운 자손의 이익뿐만 아니라 자신과 관계없는 사람들의 이익이나 아득히 먼 미래에 사는 사람들의 이익까지도 고려해야 하는 통렬한 책임윤리 의식을 요나스는 호소하고 있다.

끝으로 디지털 인터넷 시대에, 그리고 4차 산업혁명시대에 갈수록 책을 보는 인구가 감소됨에도 불구하고 증보판의 출판을 쾌히 허락해 주신 충남대학교 출판문화원 김정태 원장님과 양광준 과장님, 그리고 편집자 여러분께 고맙다는 말을 아울러 전하고 싶다.

대전 궁동 연구실에서

2017년 9월

양해림

한스 요나스(Hans Jonas)의 생태학적 사유 읽기 | **머리말**

한스 요나스(Hans Jonas, 1903~1993)는 기술공학시대에서 인간의 미래와 관련된 문제에 많은 관심을 가졌다. 그는 이러한 내용을 담은 『책임의 원칙: 기술문명시대의 생태학적 원리』(1979)이라는 저서를 출간하여 세간에 관심을 끌었다. 특히 요나스는 후설, 하이데거 등 현대철학자들의 지향성이라는 개념을 중심으로 어떤 대상에 대해 시선의 전향뿐만 아니라 관심과 배려, 사랑에 주목한다. 이러한 요나스의 시선은 먼저 자연에 대한 관심으로 나타난다.

그의 『책임의 원칙(1979)』이 세간에 많은 관심을 끄는 이유는 현대사회에서 빠른 속도로 진행되고 있는 과학기술의 발달로 인한 주변 환경의 변화 때문이다. 그는 이제까지 배워왔던 전통윤리학은 인간과 인간에 대한 물음만 있어 왔으며, 인간과 자연, 인간과 그 밖의 생물에 대해서는 소홀하였다고 지적한다. 인간의 행복을 가져오리라고 믿었던 자연의 지배가 오히려 인간의 행복을 빼앗은 결과를 가져왔다. 그는 그리스 신화에서 나오는 프로메테우스를 인용하여 프로메테우스가 갖고 있던 불의 권력이 마침내 근대과학기술의 권력을 낳았다고 비유적으로 말한다. 그런데 이러한 과학기술의 권력은 한때 유토피아를 가져다 주었지만, 지금은 정반대의 디스토피아의 세계를 보여주고 있다. 한 실례로 과학기술의 발달로 인해 최근 가장 몸살을 앓는 현상은 지구의 온난화이다.

요나스는 그동안 인간중심주의의 관점으로 진행되어 왔던 전통윤리학의 한계를 제대로 알아야 한다는 문제의식에서 그의 이론을 전개한다. 시대의 흐름에 따라 인간행위의 본질은 바뀌어 왔다. 현시점에서 보았을 때, 인간행위의 본질은 많은 변화를 보여 왔기 때문에 인간의 본질을 제대로 인식하는 자세가 절실하다. 이제까지 자연에 대해 무자비한 침해를 가해 놓은 무심했던 행위에 대해 인간들은 책임질 줄 아는 자세를 보여야 한다. 지금껏 윤리학이 왜 책임개념을 제대로 다루지 못했는가에 대해 인간들은 뼈저린 반성을 해야 하며, 동시에 지금에서라도 이러한 책임개념을 제대로 다루어야 한다. 책임은 인간의 행위에 대해 책임을 지는 것을 의미한다. 인간이 자연을 훼손시켜 놓았으면, 도덕적 책임뿐만 아니라 법적인 책임까지도 져야 한다. 이러한 책임의 개념은 인간존재의 본질과 연관시켜 전체적인 관점에서, 그리고 연속성이라는 측면에서 미래를 예견할 수 있는 공통점을 발견해야 한다. 요나스는 인간의 행위에 대한 책임의 동기를 묻는 것이 공포의 발견술이라 전제하면서 이 개념을 구체화한다. 이러한 공포의 발견술은 미래에 단지 유토피아적인 구원을 예언하는 것보다 불행한 예언에 더욱 주의를 곤두세워 미래의 불행을 예방하자는 것이다.

서구의 과학기술의 발전에 원동력을 제공한 프란시스 베이컨은 "아는 것은 힘이다"라는 경구에서 지식의 힘을 통해 유토피아의 세상을 만들어 보자고 권유한다. 지식의 힘은 지상에서의 희망에 찬 유토피아 정신과 인간을 중심으로 한 자연정복의 계획을 품고 있었다. 이러한 인간의 끊임없는 자연정복을 통해 지상에서 인간의 행복을 추구하고자 한 결과가 오히려 지금에 와서 그 역풍을 맞이하고 있다. 지상에서 인간의 유토피아 세계를 이루고자 하는 대표적 인물은 또한 마르크스에게서 찾아볼 수 있다. 마르크스는 노동을 통해 계급 없는 사회를 만들고자 했다. 자본이 없는 계급은 노동을 열심히 해도 그 대가를 얻는 것이 아니라 오히려 노력한 행위만큼 소외를 당하고 있기 때문에 자본가계급을 없애고 자본이 없는 계층들이 서로 힘을 모았을 때, 유토피아의 세계를 만들 수 있다고 했다. 이러한 노동은 노동도구의 생산력과 소유의 생산관계라는 서로 대립되는 관계가 충돌한다.

물론 마르크스는 베이컨처럼 자연의 정복을 통해 물질적 행복을 축적하자고 주장하지는 않았지만, 노동을 통해 먹고 살아가노라면 자연과 충돌할 수밖에 없다는 것이다. 그래서 마르크스는 자연의 인간화, 인간의 자연화라는 화해의 철학을 얘기한다. 즉 베이컨의 유토피아가 자연에 대해 인간의 권력을 끊임없이 행사했다면, 마르크스의 유토피아 세상은 계급 없는 사회를 만들고자 하는 것이었다. 요나스는 과학기술을 통하여 자연 정복을 가속화 시키고자 베이컨이 구상했던 지상에서 유토피아의 생각과 마르크스가 계급 없는 사회를 이루기 위해 노동의 인간해방을 통해 유토피아의 세상을 만들고자 했던 생각에서 작별인사를 해야 한다고 말한다. 왜냐하면 요나스는 마르크스의 유토피아주의도 인간의 자연지배라는 소박한 베이컨의 유토피아에 대한 생각을 집행한 것에 다름 아니기 때문이라는 것이다. 요나스는 베이컨이나 마르크스나 할 것 없이 기술화의 과정을 중요하게 생각했다고 간주한다. 첫째, 그들은 자연에 대한 인간의 힘을 가속화시켰으며, 둘째, 인간은 과학기술의 힘을 갖게 되면서 오히려 힘의 예속화가 뒤따랐으며, 셋째, 인간이 자신의 힘을 너무 자만하여 힘의 승리를 더욱 요구하였기에 불행의 씨앗이 싹 텄다. 따라서 인간은 자연에 대한 책임의식을 가져야 한다는 것이다.

이에 따라 요나스는 베이컨과 마르크스에 관해 이렇게 비판한다: "그들이 얘기하는 과학기술의 진보라는 것이, 향후 우리가 살고 있는 세상에서 유토피아가 도래할 것을 예고하는 것이 아니라 오히려 반유토피아 혹은 디스토피아의 세계가 다가올 수 있음을 경고한다." 요나스는 미래의 막연한 유토피아의 꿈을 접고 문화비판과 기술비판을 통해 올바른 미래의 청사진을 제시해야 한다고 강조한다. 그는 칸트의 "반드시~해야 한다"는 정언명법을 바꾸어 "너의 행위의 영향이 믿을 수 있게 영원히 지상의 진정한 인간적 삶이 되도록 행위하라"고 명령한다. 이렇듯 요나스의 생태윤리는 현세대뿐만 아니라 미래세대를 위한 것이다. 이러한 그의 미래세대를 위한 생태윤리는 현세대가 미래세대에 대한 책임뿐만 아니라 미래세대에 대한 의무인 것이다. 따라서 21세기의 환경문제는 아직도 인간이 얼마만큼 행위 할 수 있는가가 아니라 자연이 얼마나 견딜 수 있는가에 달려 있다.

2013. 07.

궁동 연구실에서 양 해림

한스 요나스(Hans Jonas)의 생태학적 사유 읽기 | **목차**

chapter 01

생태위기의 도래

chapter 01

생태위기의 도래

우리는 과학기술의 무한한 개발을 통해 경제적인 물질의 무제한적인 생산에 심혈을 기울이고 있다. 최소한 물질적인 측면에서 한정시켜 본다면, 세계의 선진지역이나 한 사회 내의 일부 특수한 계층에게서 현대사회는 유토피아에 근접해 있다고 해도 과언이 아니다. 그러나 다른 측면에서 볼 때 물질적 만족을 충족시켜 준다고 해서 유토피아의 전망이 우리에게 한 발짝 가까이 다가왔다고 자부해도 좋을까? 왜 21세기에 들어선 인류는 장밋빛 희망의 사회가 도래할 것이라는 낙관적인 전망보다는 오히려 위험사회의 불길한 예언들에 촉각을 곤두세워야 하는가?

무엇보다 현재 널리 확산되어 가고 있는 다양한 위기의 징후군 중에서도 가장 심각한 양상을 보이고 있는 것은 전지구상의 생태위기일 것이다. 20세기 중반 이후로 급속한 과학기술의 현대성을 보여주었던 진보와 긍정의 유토피아(Utopia)는 유감

스럽게도 몰락의 부정적 디스토피아(dystopia)라는 청사진을 우리 앞에 펼쳐 보이고 있다. 과학기술로 인한 문명의 진보가 인간의 거주지를 안락하게 해줄 것이라던 유토피아의 정신이 오히려 이 지구를 인간이 더 이상 살 수 없는 디스토피아의 암울한 세계로 점차 다가오고 있는 것을 실감하고 있다. 우리에게 드러낸 "디스토피아의 미래상은 현존하는 모순과 위기가 미래에는 더욱 심화되어 극단적인 결과를 가져올 것이라는 예측이다." 만약 이러한 불행한 예측의 결과에 따라 세계의 종말과 몰락으로서의 미래가 곧 우리 앞에 당도한다면, 이 지구는 현대사회의 어두운 구성요소를 더욱 드러낼 것이다. 이러한 부정적 상황은 이제 먼 미래의 예언만은 더 이상 아니게 되었다.

지금 우리는 지구온난화, 사막화 등 전지구상의 생태위기를 도처에서 목격하고 있는 것이 그 단적인 실례이다. 생태위기는 이제 인류는 물론 지구의 종말을 앞당길 뿐만 아니라 다양한 생명들의 멸종 등 광범위한 영역에서 진행될 수 있기 때문에 지역적인 부분을 넘어 전 지구적인 대상이 되었다. 이러한 위기의 현상은 우리가 이미 여러 신문 · TV · SNS, 인터넷 · 잡지 · 전문학술지등 다양한 통로를 통해서 접하는 바와 같다. 그러므로 현재의 생태위기는 이제 동 · 서양을 막론하고 사회적인 문제이자 사회적인 이슈로까지 전면 등장하게 되었다. 왜냐하면 서구의 산업사회는 그들의 경제 질서를 통해서 편향된 성장을 지금껏 강행해 왔기 때문에 사회적 문제를 도처에서 심각하게 목격하고 있다. 이러한 관점에서 생태위기는 이제 서구사회뿐만 아니라 우리 동양사회에도 깊숙하게 파고 들었다.

이렇게 21세기의 인류는 지구 역사상 유례없는 생태위기에 처하게 되었다. 환경문제는 이제 더 이상 새삼스러운 관심거리가 아니다. 생태위기의 뿌리는 인류가 지상에 처음으로 등장한 때부터 거슬러 올라갈 수 있다. 인간은 살아남기 위해 자연을 파괴해야 했다. 농업혁명 · 도시혁명은 자연의 엄청난 개조를 수반했으며, 이것은 이른바 생태학의 혁명이다. 오늘날 생태위기는 서양의 과학기술문명이 초래한 부정적 결과라 할 수 있다. 환경에 엄청난 부담을 주는 이런 물질문명의 부정적 폐해는 17세기 과학혁명과 18세기 산업혁명을 거치면서 폭발성이 잠재되고 있었지만, 19세기 중반 이후 과학과 기술의 결합으로 인해 산업사회의 생산성 증진이 비약적으로 촉진됨으로써 점차적으로 가시화되었다.

현재의 생태위기를 극복할 수 있는 생태학의 방향은 인간 상호간의 한정된 윤리의 영역을 넘어 인간과 자연의 관계로 확장해야 한다는 견해가 지배적이다. 환경문제는 우리에게 단순히 자원이거나 개발의 대상으로서만이 아니라 우리 자신이 삶을 영위해야 하는 집이라는 사실이다. 환경문제는 흔히 환경오염을 떠올린다. 우리의 주변에서 수시로 접하는 자동차의 매연,

쓰레기 오물에서 나는 악취, 오염되어 냄새나는 수돗물 등 주로 환경오염과 관련되어 있기 때문이다. 그러나 환경문제는 환경오염에만 국한된 협소한 문제가 아니다. 이제 환경문제는 환경오염의 문제보다 훨씬 넓게 생각해야 한다. 환경문제는 인구의 증가, 에너지를 비롯한 천연자원의 부족, 식량부족, 육상 및 해양생태계의 파괴, 야생동물의 멸종, 온실효과, 오존층 파괴, 산성비 등 이상기후를 포함하는 포괄적인 양상으로 전개되고 있다. 이것은 독립된 개별적인 사안이 아니라 서로 밀접하게 연관되어 있는 복합적인 문제다.

환경의 파괴와 오염은 인간과 별개의 문제가 아니라 자연 속에서 삶을 살아가야 하는 삶의 질을 허락한다는 것을 의미한다. 한편으로 과학기술발전의 결과가 삶의 편의성을 한층 증가시켰다는 것을 부인할 수 없음에도 불구하고, 다른 한편으로 인간이 마음 놓고 사는 것이 어렵게 되었다는 것을 부정할 수 없게 되었다. 예컨대 기후변화를 둘러싼 논쟁은 오랜 역사와 전통 속에서 진행되어 왔다. 그 역사의 고비길 마다 어김없이 탐욕이 부른 음모와 술수가 등장했다. 그래서 기후변화에 대한 논쟁은 정치적이고 경제적이기도 하다. 특히 지금까지 기후변화에 관한 다양한 논쟁은 오랜 역사와 전통만큼이나 처방과 대책을 다르게 해석해 왔다. 기후변화는 인간의 활동에 직접 혹은 간접적으로 지구대기의 구성을 변화시키는 오랜 기간에 관측된 자연적 기후 가변성에 추가로 일어나는 것을 일컫는다. 유엔의 정부간 기후변화위원회(IPCC)는 2007년도 제4차 평가보고서에서 "지난 50년간 관찰된 지구온난화의 대부분은 인간의 활동" 때문이라고 밝혔다. 이 보고서는 "산업혁명이후 일어난 지구 온난화에 대한 책임"은 인간의 활동에 의해서 초래된 것이라 보고한다. 지금까지 인간의 활동 가운데서도 주로 화석연료 및 토지개발과 관련된 인간의 활동에 그 원인이 있다는 것을 분명하게 확인되었다(Intergovermental Panal on Climate Change(2007), http:www. jpoc.ch).

지난 기후변화 정부간 위원회는 보고서에서 지구온난화를 "명백한 인류의 책임"이라고 지적했다. 지금까지 발표한 보고서 가운데 가장 '분명한' 어조였다. 이 보고서가 제시한 것보다도 현재 훨씬 빠른 속도로 기후변화가 이미 일어나고 있었고 그 잠재적 결과가 엄청난 불길한 재앙을 보여주는 증거를 보여주고 있었다. 이렇게 대부분의 과학자들은 대기 중의 이산화탄소의 화석연료나 메탄 농도가 높아지는 원인으로 산업혁명 이후부터 20세기 초 급격히 진행된 산업 활동과 문화생활을 영위하기 위한 인간의 활동으로 인해 사용량이 꾸준히 증가하고 있는 것으로 진단한다. 즉, 산업혁명이후 지난 100여 년 동안 산업화가 급격히 추진되고 화석연료의 사용이 급증하면서 온실효과를 일으키는 이산화탄소가 늘어났다. 그 이유는 인간의 활동을 통해 인위적으로 발생하는 이산화탄소의 양이 워낙 급증하고 있기 때문이다. 무엇보다 이산화탄소의 증가는 화석연료의 사용에 의한 것이며 메탄과 아산화질소의 증가는 농업부문의 성장에 다른 토지의 이용 변화에 그 주요원인이다.

인간 활동에 의해 생성되는 프레온, 질소산화물, 메탄과 같은 미량의 가스의 농도는 지구 온난화의 주범으로 작용한다. 이렇게 지난 지구변화 정부간 위원회는 보고서에서 지구 온난화를 "명백한 인류의 책임"이라 강조한다. 이는 지금까지 발표했던 많은 보고서 중에서 인류의 책임을 가장 분명하게 물었다. 하지만 지구온난화가 선진국 대표단의 정치적 · 경제적 입김으로 인해 상당 부분 그 수위를 조정하여 공표된 내용이라는 지적도 나왔다. 이 보고서가 제시한 것보다도 훨씬 빠른 속도로 기후변화가 일어나고 있었고, 그 잠재적 결과가 엄청난 불길한 재앙을 보여주는 증거를 보여주고 있었다. 21세기 생태위기는 단순히 인간과 자연의 대립관계에 있지 않다. 자연은 희생자이고 인간은 가해자라는 전형적인 구도도 깨어져야 한다. 왜냐하면 인간과 자연은 모두 피해자일 수 있기 때문이다. 더 나아가 과학이나 합리성도 피해자이다. 왜냐하면 21세기 생태위기의 원인은 우리의 정치, 경제, 사회, 문화 등 다양한 영역에서 도처에 숨어 있기 때문이다. 생태주의자들은 이 구동성으로 많은 정부들이 추구하고 있는 현실 속의 환경정책에 대해 대체로 냉소적이다. 생태위기의 근본 원인은 인간이 환경을 지배하게 되면서 환경을 관리해야 할 대상으로 바꾼 것일 뿐 여전히 자연의 권리를 무시하는 사고의 산물에서 벗어나지 못했다. 이제 생태위기는 21세기 인간 모두에게 심각하게 직면하게 되면서, 지난 1990년대 들어 사회과학자, 환경운동가들에에 의해 이론과 실천의 결합을 통해 미국과 유럽을 비롯하여 광범위하게 확산되었다. 특히 머레이 북친(Murray Bookchin, 1921-2006)이 그의 사회생태론을 전개하는데 많은 영향을 미쳤던 사상가는 한스 요나스의 『책임의 원칙』(1979)의 저서에서 였다. 북친은 다음과 같이 세 가지 측면에서 사상가들을 추적해 생태위기의 대안 책을 제시했다.

첫째, 막스 베버, 호르크하이머, 아도르노, 칼 폴라니 등으로서 이들은 지배의 문제와 이성, 과학, 기술로 인한 현대의 위기를 진단하는 사상에 영향을 받았다. 합리주의적인 인간은 자신의 관점에 따라 자연을 정복하였고, 그들은 이것을 지배 행사의 도구로 만들었다. 자연에 대한 인간의 지배는 다른 인간에 대한 인간의 지배를 만들어 놓았다.

막스 베버(Max Weber)는 『경제와 사회』(1921)에서 목적론적인 설명의 도구로써 사회과학을 이해할 수 있으며, 이를 통해 사회적 행위의 구조를 밝혀내어 그 의미를 부여받을 수 있다고 보았다. 베버에게서 목적은 어떤 행위의 원인이 되는 결과를 설명한다. 즉 그는 어떤 목적을 통해 나타난 결과에서 어떤 가능성의 원인을 고찰했다. 행위결과는 인간의 행위로서 이해한다. 여기서 이해는 수단/목적의 관계다. 베버는 사회학을 사회적 행위와 사회적 관계로 파악하고 인과적으로 설명했다. 베버의 사회적 행위에 대한 설명은 인간의 행위에서 드러난다. 행위는 주관적으로 생각한 의미에 따라 의미관계를 현실적으로 이해할 수 있는 행위여야 한다. 즉 사회적 행위는 상호 주관적인 방식으로 인간의 합목적론적인 활동 속에서 가능하다. 베버는 넓은 의미에서 사회적 행위를 통해 인간의 행위를 설명하였고, 사회과학의 인식을 새롭게 받아들였다. 이러한 사회과학 인식의 방법은 행위하는 행위자가 인간의 행태(Verhalten)를 어떻게 이해할 수 있는 가에 있다.

호르크하이머(Max Horkheimer)와 아도르노(Th. Adorno)는 『계몽의 변증법』(1947)에서 인간은 자기 자신의 관점에 따라 환경을 정복하는 일에 자신의 합리성을 이용해 왔다고 보고, 이성을 단지 지배의 도구로만 삼았다고 파악한다. 합리주의적인 인간은 자신의 관점에 따라 자연을 정복하였다. 인간은 이성을 지배 행사의 도구로 만들었다. 이성의 도구화는 자연을 후퇴시켜 놓았다. 자연에 대한 인간의 지배는 다른 인간에 대한 인간의 지배를 만들어놓았다. 우리는 자연 지배의 정도가 점점 진보되었고, 현재의 기술 상태가 지상에서 낙원의 상태로 되었음에도 불구하고 그것과는 더 벗어나 있거나 그 근처에 잠재적으로 파멸의 그림자가 드리워져 있다. 이러한 문화 발전의 침울한 측면을 아도르노와 호르크하이머는 제2차 세계대전 이후의 사회 상황에서 그 원인을 찾았다. 그들의 이론은 그 당시의 정치적이거나 과학 기술의 전체주의에 대한 비판으로 등장하게 되었다. 이것은 현대의 과학 기술에 그 근거를 두고 있으며, 과학은 이런 부정적인 발전을 저지하기보다 오히려 이를 심화시켰다는 데 있다. 우리가 과학과 기술의 발전으로 인해 인간의 삶을 크게 변화시킨 긍정적인 점을 인정한다고 할지라도 선진 산업사회는 인간에 대한 소외화 현상을 야기시켰다.

경제학자 칼 폴라니(Karl Polanyi, 1886~1964)는 『거대한 전환』(1944)에서 경제와 공동체를 조화시키면서 경제성장과 개인의 자유를 허용하는 것이 가능함을 보여주었다. 폴라니는 반자본주의적이고 반마르크스주의적인 관점에서 공동체와 그 안의 인간관계가 분열을 조장하는 시장의 힘으로부터 보호되어야 한다고 주장했다. 지난 1990년대 이후 전 세계에 확산된 자기조정 시장에 대한 종교적인 믿음이 불평등, 실업, 저성장, 공동체파괴, 환경파괴를 야기했다. 그는 "인간 세상을 구성하는 모든 물질, 서비스, 심지어는 사회적 관계까지도 상품으로 만들 경우 이상적이고 효율적인 질서가 수립될 것이라는 신념을 반박했다. 또한 폴라니는 시장경제가 인간과 인간이 사는 그 자연 환경을 치명적으로 파괴하기 때문에, 지속 가능하지 않다고 확신했다. 이러한 폴라니 이론은 전후 진보적 사회과학에 많은 영향을 미쳤고, 2008년 미국발 금융위기 이후 신자유주의의 대안을 모색하는 데 지속적인 영감을 안겨주고 있다. 따라서 폴라니는 20세기 자본주의를 넘어서는 대안을 모색하면서 진보적 이상주의와 결합했다.

둘째, 윌리암 고든(Willaim Godwin), 피터 크로포트킨(Peter Kropotkin) 등의 에코아나키즘(무정부주의자)들의 유토피아적인 전통과 자연적 호혜주의이다. 특히 크로포트킨은 공동체주의, 탈도시화, 산업의 탈중심화, 대안적 기술, 유기농업, 성장의 억제, 새로운 자연주의적 감수성을 수용했다. 그는 현재의 억압적인 산업 자본주의의 세계를 사회체계에 근거한, 탈중심적-민주적 공동체로 변형시켜야 한다고 주장한다. 그는 인간사회의 진화발전에는 상호경쟁이 아니라 상호부조가 보다 중요한 역할을 한다고 강조한다. 즉 그에 따르면, 동물이나 인간의 진화에는 상호투쟁도 존재하지만, 상호부조와 상호지지의 법칙 역시도 존재한다. 또한 종의 유지와 진화에는 상호투쟁보다 상호부조가 훨씬 더 적절하다는 것을 생물학적 근거로 제시했다. 이런 측면에서 에코아나키즘은 자신이 인정하지 않는 권력을 부정하는 의미에서 정부의 권력만을 부정하지 않는다. 에코아나키즘이 부정하는 권력은 정부에 한정하지 않고 종교,

사회, 자본, 문화단체 등 강압적으로 개인의 자유를 침해하는 어떠한 권력도 이에 해당된다. 따라서 에코아나키즘은 "정부가 필요 없는 유토피아적 전통과 자연의 호혜주의사상"를 추구한다.

셋째, 북친의 역사관, 이성관 그리고 자연관의 형성은 두 가지 흐름에 영향을 주었다. 한 흐름은 북친 스스로 소크라테스 이전의 철학 전통을 "한스 요나스(Hans Jonas, 1903-1993)의 유기체론적 전통과 책임윤리학의 전통에서 찾았다. 요나스는 자연에 대한 침범행위와 인간자신의 문명화는 서로 맞물려 있다고 본다. 하나는 자연의 영역에서 자연의 피조물로 침투해 들어가는 것이며, 다른 하나는 도시국가와 법률이라는 피난처를 통해 자연에 대한 내성을 구축하는 것이다. 요나스가 지적했듯이, 인간에게서 오랫동안 객관적 기술의 대상이 될 수 있었던 것은 바로 기술의 개입으로 인한 피상적 특성들 때문이었다. 인간의 기술적 개입은 자연을 일시적으로 혼란스럽게 만들어 놓았다. 이제껏 자연은 스스로 균형을 회복해 왔으며 인간과는 비교할 수 없을 만큼 강력하며 무궁무진하게 인간의 행동에 절대적 영향을 미쳐왔다. 요나스가『책임의 원칙』에서 제시한 기술에 대한 윤리적 통제의 4가지 원칙, ① 기술의 장기적(長期的)인 영향을 예측할 수 있는 보다 나은 방법을 개발해야만 하며, ② 유토피아적인 행복에 대한 예측보다는 불행한 최후의 심판에 예언을 하는 것에 우선권을 둠으로써 나날이 증대되는 미지의 것들에 대해 신중하게 대처하여야 하며, ③ 인류의 생존이나 기본권적 인간애가 결코 위험에 처하지 않게 행위해야 하며, ④ 우리 후손의 창창한 미래를 보장하는 것이 우리의 의무임을 인식해야 한다. 요나스가 『책임의 원리』를 출판한 1980년대 이후로, 과학기술의 전개에 대해 책임의 의무는 더욱 강조되고 있다. 먼저 요나스는 개인의 책임의식에 그 주의를 환기시키면서 과학기술의 질적인 문제에 대해 직접적으로 책임을 지는 것과 그러한 기술의 결과에 대한 윤리적 책임을 구분한 바 있다. 점차 독일에서는 1990년대 이후로 더욱 활발하게 과학기술과 이에 대한 실천의 논쟁을 진행 중에 있다.

독일의 현대 철학자 비른바하(Dieter (Birnbacher)는 『미래세대의 책임』(1998)이라는 저서에서 인간과 자연의 관계에 대한 전통적인 인간중심의 관점에서 벗어나야 한다고 말한다. 이제 생태윤리학은 인간 이외의 생명체와 생명존재, 생태계, 주변경관, 생태계의 전체적인 자기목적의 특성을 지닌 것으로서 스스로 자연에게 말을 건네야 한다. 본래 생태윤리학은 자연윤리학을 지향한다. 여기서 생태윤리학은 현재의 상황과 인간의 현재 모습을 제대로 파악하는 것이다. 생태윤리학은 자연의 자기목적을 지닌 특성과 모든 인간의 위협으로부터 자기보존의 요구를 지켜야 하는 과제를 떠안고 있다. 비른바하는 자연에 대한 인간의 책임을 보편화할 수 있는 구상으로서 합리적인 생태윤리를 제안한다. 우리는 자연에 대한 책임을 통해 자연에 대해 의무를 다해야 한다. 예컨대 자식에 대한 아버지의 책임이 자식에 대한 책임을 의미하는 것처럼, 자연에 대한 책임도 그렇게 되어야 한다. 이렇게 비른바하의 문제제기는 현재와 인간의 관계가 어떻게 자리매김해야 하는지를 새롭게 제시하고 있다.

독일의 물리학자인 바이에르츠(Kurt Bayertz)는 자연전체를 생태학적 균형을 유지하는데 있어서 목적에 합당한 존재로 이해하는 자연중심적 환경윤리학이 치명적인 결함을 지닐 수 있다고 비판한다. 이런 목적론적 입장은 자연계가 인간에 의해 균형을 잃게 되었다는 전제에 근거한다. 하지만 자연의 총체적인 균형은 제한적으로만 타당하다. 인간이 이미 자연계의 많은 부분을 파괴했다.

바이에르츠에 의하면, 인간이 자연계에 대해 목적론을 부여하고자 하는 것은 지나치게 과장된 측면도 있지만, 무엇보다 도덕적으로 우리의 모델이 될 수 없다는 것이다. 자연계에는 인간에게 방향을 제시해 주는 어떤 목적이나 내재적 가치도 없다. 인간행위의 정당화의 근거는 자연계의 근거로부터 찾을 수 없으며, 자연은 인간의 표본적인 모델이 아니다. 즉 인간의 윤리는 인간에 의해 만든 규범과 가치에 근거한다. 최근 생태주의자들은 대체로 각 정부들이 추구하는 현실 속의 환경정책에 대해 대체로 냉소적이다. 인간은 환경을 지배해서 관리의 대상으로 바꾼 것일 뿐, 여전히 자연의 권리를 무시하는 사고의 산물이라는 것이다. 현대의 과학기술사회는 이런 측면에서 생태주의의 이데올로기와 많은 갈등을 수반한다. 현대과학기술의 산물과 불화를 해결하는 방식은, 두 방식이 존재한다. 하나는 현대의 과학기술의 산물에서 드러난 현대성을 폐기하여 다른 대안을 찾아나가는 것이며, 다른 하나는 현대 과학기술의 부정적 측면을 부각시켜 이성에 의해 억압되었던 부분들을 해방시켜 환경문제의 처방을 내려야 한다는 입장이다. 전자의 입장은 낭만적 접근방식이라 할 수 있고, 후자는 합리적 접근방식이라 말할 수 있다. 이렇듯 이에 대한 우리의 현대성과 환경문제의 관심은 점차 확산되어 1990년대 이후로 생태주의를 극복하고자 하는 이론과 실천의 결합을 모색하는 시도를 꾸준히 해 오고 있다.

chapter 02

요나스 사상의 개요

chapter 02

요나스 사상의 개요

한스 요나스(Hans Jonas, 1903~1993)는 1903년 독일계 유태인의 가정에서 태어났다. 그는 학문적으로 1920년에 현상학자라 부르는 후설(E. Husserl), 실존주의 철학자 하이데거(M. Heidegger), 실존신학자였던 불트만(Bultmann)과 같은 학문적으로 뛰어난 사상가들의 학풍에 영향을 받았다. 요나스 사상의 주제는 이러한 사상가들과 이들이 표방하고 있는 현상학적이고 실존적인 경향으로부터 크게 자극 받았다.

그러나 요나스는 구체적인 실험적 사유에서 이들의 영향을 뒤따르고 있지만, 내용에서는 다른 길을 추구해 갔다. 그의 대부분의 저술에서 실제로 방향성을 제시하도록 만든 것은 나치즘의 발발에 직면한 젊은 독일계 유대인 학자가 안고 있는 문제였다. 요나스는 칼 뢰비트(Karl Löwith), 한나 아렌트(Hannah Arendt), 허버트 마르쿠제(Herbert Marcuse), 레오 스트라우스(Leo Strauss) 등 사회 철학자들과 함께 하이데거에게 교육받은 유능한 학생이었다. 그는 1930년 마르부르크 대학에서 하이데거와 불트만에게서 가르침을 받아 고대 『그노시스(Gnosis)의 개념』에 관한 논문으로 박사학위를 받았다. 이 논문은 4년 후에 독일에서 출간되었는데, 이때는 이미 히틀러의 집권으로 인해 이주를 한 후였다. 특히 요나스에게 끼친 하이데거의 영향은 의심의 여지가 없다. 요나스는 『그노시즘, 허무주의, 그리고 실존주의』에서 하이데거의 『존재와 시간』(1927)을 통해 발견했던 인간존재의 해석에 많은 영향을 받았다. 요나스의 친구이자 하이데거가 있었던 마르부르크 대학의 동료인 불트만에 이끌려 그는 고대 그노시즘 연구를 시작하였다. 그리고 요나스는 1930년에 『아우구스티누스의 자유의지의 문제』를 처녀 출판하였다.

1933년 독일 나치가 맹인을 위한 독일 협회에서 유태인을 추방했을 때, 그는 공동운명의 결속에 대한 나치의 배반에 염증을 느껴 고국을 떠났다. 요나스는 독일에서 영국을 거쳐 영국 보호령인 팔레스타인으로 향했다. 전쟁이 발발했을 때, 그는 유태계의 영국 8여단에 가담했다. 그는 북아프리카와 이탈리아에서 싸웠고, 1945년에 독일로 돌아왔다가 1945년 11월에 팔레스타인으로 되돌아갔다. 그는 팔레스타인에서 그의 어머니가 아우슈비츠에서 살해당했다는 것을 알게 되었다. 이 사건은 오래 동안 그에게 폭넓은 신학적 전망을 하는데 많은 영향을 받았다. 그의 신학적 저서는 요나스 사후 로렌스 보겔(Lawrence Vogel)에 의해 『가시성과 도덕성: 아우슈비츠 이후의 신에 대한 탐구』(1966)라는 제목으로 출간되었다. 이 책은 요나스의 중요한 신학적 저서와 함께 그의 사고의 다른 측면을 드러낸다. 그는 1948년 팔레스타인에서 초기 이스라엘 군대에 입대하였고 유대국가의 존재를 세우려는 전쟁에 가담하였다.

그러나 그는 이스라엘에 정착하지 않고 1949년에 캐나다의 맥길 대학에서 연구원으로 자리를 얻었다. 그 후 1955년에 캐나다 오타와의 칼레톤 대학에서 철학조교수가 되었다. 1955년부터 1976년까지 뉴욕에 있는 사회과학연구소 대학(New school for social Research)의 철학교수로 봉직했다. 그는 1987년 『책임의 원칙(Das Prinzip Verantwortung)』으로 독일서적 판매조합의 평화상을 수상하였다. 1993년 89세의 나이로 일생을 마감할 때 까지 그곳에 머물러 지적으로 풍부한 해들을 보냈다. 말년에 요나스는 그의 저서의 주제들을 소개하는 강의를 하면서 많은 곳을 여행한다. 그는 독일에서 학교이외의 밖에서도 폭넓은 독자를 확보하였다. 국제회의나 세미나를 통하여 요나스는 기술공학 확장의 결과로 나타난 긴급한 문제들에 대해 사상가들에게 자신의 생각을 소개하였다. 동시에 그러한 토론회들은 철학적 인간학이나 공적인 관심사에 대해 그의 도덕적, 신학적 생각들을 더 한층 발전시킬 수 있는 장을 마련해 주었다. 요나스의 인생의 여력은 20세기 사상가들의 삶에서 흔히 볼 수 있듯이, 잔인한 이데올로기에 도취한 정권 하에서 죽음의 위협에 처하여 망명하는 이야기를 답습하고 있다. 지난 50년이 넘게 영국과 미국의 대학에서 철학, 인간학, 자연과학에서 대부분 가장 뛰어난 저서는 다양한 사람들에 의해 이루어졌는데, 그들이 모국에만 한정하였다면, 국내 적들의 손에 의해 사라졌을 것이다.

그러나 요나스의 경우 그의 대부분의 동료들이 망명했음에도 불구하고 그는 전쟁터의 군인으로 뛰어듦으로써 몸소 전쟁에 직접 가담하였다. "나는 군인 생활을 낭만화하기를 원하지 않는다. 또 다른 의미에서 자유를 위해 전쟁에 참여한다는 것이 전쟁을 일으킨 주축국들에 대항하여 승리를 거둘 수 있는 데에 크게 기여했다는 사실을 퇴색시키고 싶지 않다." 그러나 동시에 요나스가 선택한 역할은 그의 사고방식에 직접 관련된 것을 반영하는 것이었으며, 어떤 의미에서 이러한 직접성은 그의 이론이나 문학적 저술방식에도 상당부분 반영했다. 요나스의 저서는 항상 무엇을 지향하고 있는지에 대해 친숙하게 알려주고 있다. 그의 저서는 말년에 그 주제를 더욱 확대해 나갔다. 거기서 그는 특히 기술공학시대에서 인간의 미래와 관련된 문제에 많은 관심을 가졌다. 요나스가 우리에게 요구한 것은 단순히 수동적인 바람이나 희망적인 태도만은 아니다. 그는 변화하는 방식으로서 인간의 존재가 언제나 위험에 처해 있는 세계에 능동적이고 합리적으로 행동해야 한다고 전망한다.

앞서 언급한 것처럼, 요나스는 후설 · 하이데거 · 불트만과 같은 위대한 철학자들의 스승들 밑에서 사상적 영향을 받았다. 그러나 요나스의 사유방식은 그들의 이론과 다른 형태를 띠면서 형이상학적, 실존적인 측면들을 새롭게 조명해 나갔다. 그는 후설에게서 의식의 지향성에 많은 영향을 받았고, 실존론적인 현존재의 개념에 미래를 향한 존재로 연관시켰다. 특히 요나스는 자연의 관점을 후설 현상학의 지향성의 개념을 통해 주로 적용하였다. 후설에게 있어서 지향성의 개념은 주로 의식의 지향성으로 이해한다. 여기서 의식은 자연을 지배하기 위한 방법으로 생각한다.

그러나 지향성은 대상에로의 단순한 시선을 전향하는 것이 아니라 대상에 대한 관심, 배려, 그리고 사랑이다. 지향성을 "염려"로 해석한 하이데거는 후설의 지향성을 실존적으로 읽은 것이라 말할 수 있다. 의식은 항상 어떤 대상에 관한 의식을 뜻하지만, 의식이 대상을 자신에 의해 정립되고 표상해야 할 어떤 것으로 규정하는 것은 아니다. 오히려 의식은 대상에로 다가서려는 합목적적인 활동을 일컫는다. 그래서 지향성은 목적지향성을 뜻한다. 즉 지향성은 "~하기 위하여"라는 목적을 서술한다. 예컨대 사람들은 어디엔가 목적지에 당도하기 위하여 걸어간다. 사람들은 자신의 다리를 갖고 걸어가고 신경 근육 장치를 포함한 다리는 그 수단이 된다. "~하기 위하여"는 목적 이외에도 주체 측의 어떤 통제를 지시한다. 말하자면 "~하기 위하여"는 주관적 목적을 갖고 감각기관을 함께 사용한다. 따라서 지향성은 대상 자체에 대한 관심이며 대상 자체에로 다가서려는 합목적론적인 충동을 내 보인다. 더 나아가 지향성은 자연과 함께 공동체를 이루어 나간다. 후설은 초기에 의식의 지향성을 제한적으로 언급했지만, 후기에 와서는 의식의 지향성에서 충동 · 본능 · 성애의 영역에 이르기까지 더욱 확장한다. 이렇게 그의 지향성의 확장은 지금까지 인간중심의 환경철학에서 자연중심의 생태학적 정향으로 방향을 선회하는 관점을 제공해 주었다. 요나스는 후설의 지향성에서 인간과 자연을 넘어서 그것들에 얽혀있는 이성과 자연의 윤리학을 접목시킬 방향 점을 찾아 나갔다.

요나스는, 정신적 · 심리적인 생명현상의 출현을 말한다. 후설의 "사실 자체로"라는 구호는 그의 이론을 정립하는데 많은 영향을 받았다. "사실 자체"란 있는 그대로를 선입견이나 편견을 가짐이 없이 "자연에 있는 그대로"를 직시하는 것을 말한다. 예컨대 바깥에 장미꽃이 피어 있다면, 그 장미꽃을 어떤 선입견을 갖지 않고 바로 보자는 것이다. 하지만 인간은 마음속에 언제나 있는 그대로의 장미꽃을 보는 것이 아니라 마음의 심상변화에 따라 각자 선입견을 품으면서 장미꽃이 아닌 호박꽃이라 착각할 수 있다. 따라서 인간은 잡념을 없애고 맑은 정신으로 바로 보는 자세가 필요하다. 바로 후설이 제안했던 "사태자체로 되돌아가자"고 요나스는 제안한다. 요나스는 18세이던 1921년에 "내가 만났던 사람들 중에 가장 영향력 있는 사람은 후설이었다"고 말한다. 후설이 가르쳤던 현상학적 방법은 의식의 대상에 대한 순수한 사유를 하는 것을 출발점으로 하여 엄밀한 학문의 위상을 성취하는 것이었다. 후설의 이러한 계획은 그 대상들에 대한 자연현상의 배후를 밝히고자 하는 형이상학적인 모든 문제들을 포함한다.

요나스는 후설의 "엄밀한 학의 철학"으로서 추구하였던 현상학적 방법을 수용했다. 다시 말해 요나스는 유토피아주의자의 길을 따라가지 않고 후설에게서 현상학의 기술적인 방법을 배워 나갔다. 이것은 요나스가 순수한 의식이나 순수한 정신을 강조했던 후설의 입장을 따른다. 우리에게서 생명 현상이 있는 "사태자체"로 되돌아가서 그 사태자체로부터 물질과 생명의 차이를 구별할 수 있는 길을 열어야 한다. 생명체가 지니고 있는 내면성의 차원은 물질의 외적인 대상성을 다루는 자연과학적 방법으로는 한계가 있을 수 있다. 고차원적인 내면성의 차원을 지니고 있는 인간은 자신의 내면적인 경험을 통해 자연과학적인 한계를 보완해 나가야 한다. 요나스는 현상학적 방법을 통해 인간의 내면에 체험한 것을 엄밀하게 밝혀 내고자 했다. 무엇보다 내면성은 자기중심적이다. 동시에 내면성은 사물의 타자와 자기와의 사이에서 자신이 선택한 관계에 따라 다른 입장을 취한다. 그리고 자신의 내면성을 근거삼아 동물에 대한 내면성의 차원을 감정이입(感情移入)의 형태로 유추한다. 이른바 생명체는 언제나 내면성의 차원을 갖고 있는 심리적이고 물리적인 통일체(psycho-physische Einheit)이다. 물질과 정신은 심리적이며 물리적 통일체이기 때문에 어느 한쪽에 의해 의존해 있는 것이 아니라 상호의존적이다. 예를 들어 정신과 육체는 따로 독립되어 있는 것이 아니라 밀접하게 상호 연결되어 있다는 것이다.

이렇게 심리적-물리적 통일체는 자신의 생명을 보존하는 동시에 자기목적을 갖고 있다. 자기목적은 다른 목적을 위해서 존재하는 것이 아니라 하나밖에 없는 자기의 생명을 보존하려는 가장 실존적인 상황이다. 인간을 비롯한 모든 생명체는 살기 위해서 부단히 애쓴다. 그래서 모든 생명체는 내면성에서 나온다. 내면성의 현상은 어떠한 형태로든지 살려고 애쓴다. 예컨대 내면성은 쾌감, 고통, 관심, 욕망의 현상 등과 관련하여 감각능력, 의지능력, 추상적인 가치를 창조해 내는 도덕적 능력에 이르기까지 다양하다. 이처럼 요나스의 사유는 인간적 삶의 형태가 꽃필 수 있도록 해주는 특수한 조건들이 이해되는 질서 잡힌 내용들로 가득 채워지고 있다.

한스 요나스(Hans Jonas)의 생태학적 사유 읽기
-『책임의 원칙』 독해 -

chapter 03

왜 인간은 자연에 귀를 기울여야 할까?

chapter 03

왜 인간은 자연에 귀를 기울여야 할까?

3-1. 요나스의 생태윤리학이란?

요나스의 가장 주목할 만한 저서는 『책임의 원칙』(1979)[1]을 손꼽을 수 있다. 이 책은 5년 후에 영어로 번역되어 엄청난 호평을 받으면서 판매되었다. 이 책은 학자, 사업가, 정치 지도자가 함께 한 협회와 회의에 강연자로 참가한 요나스의 대중성과 명성의 결과로 나타났다. 이 책의 관심은 대학교수를 비롯한 식자층보다 일반 대중들에게 인기를 끌었다. 이 책은 많은 해가 지났음에도 불구하고 21세기에도 여전히 다양한 토론거리를 제공하고 있다. 이렇게 그의 윤리학이 많은 사람들에게 관심을 끄는 이유는 빠른 속도로 진행되고 있는 과학기술의 발달로 인한 주변 환경의 변화 때문이다. 요나스의 『책임의 원칙』

---

1 Hans Jonas, *Das Prinzip Verantwortung. Versuch einer für technologische Zivilisation*, Frankfurt a. M. 1984(한글말 번역본: 이진우, 『책임의 원칙: 기술시대의 생태학적 윤리』, 서광사 1994.

은 "기술문명시대의 생태학적 윤리"라는 부제를 내걸고 현재의 과학기술이 고도로 발달된 사회 속에서 어떤 윤리학이 진정 필요한가를 진지하게 묻고 있다. 특히 요나스의 이 책은 최근에 논의되고 있는 환경 및 생태 문제에 대해 책임윤리와 연관시켜 가장 많이 소개되고 있다. 즉 그는 이 책에서 근세이후 비약적으로 발전하기 시작한 서양 기술문명이 오늘날 엄청난 기술권력을 손에 쥐고 있다고 말한다. 이러한 거대한 기술 권력은 그에 상응하는 책임과 새로운 미래의 윤리를 요구하고 있다는 사실을 설득력 있게 보여 주고 있다. 여기서 요나스가 강조하고자 하는 책임이란 동시대를 살아가는 이웃이나 가까운 자연환경과 같은 직접적 대상뿐만 아니라 시 · 공간적으로 멀리 떨어져 있는 미래세대의 책임도 광범위하게 포함하고 있다.

지금껏 칸트를 비롯한 전통윤리학에서 강조하고 있었던 우리에게 친근하게 접하고 있는 것들에 대한 사랑(예: 이웃사랑)은 그 대안으로 미흡하기 때문에 향후에는 '멀리 떨어져 있는 것들에 대한 사랑(예: 자연과 미래세대에 대한 사랑)이 점점 절박하게 나가올 것이라는 요나스의 혜안이 드러나 있다. 따라서 요나스가 『책임의 원칙』에서 환경문제를 윤리학의 방향으로 제시하고자 하였을 때, 우리에게 의미 있는 해결방안과 환경문제의 해결을 위한 유용한 시사점을 던져주고 있다. 요나스는 『책임의 원칙』의 서문에서 그의 예언자적인 사상의 핵심적인 내용을 다음과 같이 전한다.

> "이제까지 전혀 알려지지 않았던 힘은 과학을 통해 부여받았고, 경제를 통해 끊임없는 충동을 부여받아 마침내 사슬로부터 풀려난 프로메테우스는 자신의 권력이 인간에게 불행이 되지 않도록 자발적인 통제를 통해 자신의 권력을 제어할 수 있는 하나의 윤리학을 요청한다. 이 책은 근대 기술의 약속이 위협으로 반전되거나 또는 적어도 후자가 전자와 밀접하게 연결되어 있다는 주제를 이 저서의 출발점으로 삼고자 한다."

여기서 요나스는 이제까지 배워왔던 전통윤리학은 우리에게 어떤 새로운 답변을 확실하게 제시해 주지 못했다고 비판한다. 그 이유는, 지금까지의 전통윤리학은 미래와 관련하여 책임 있는 윤리를 거의 제공해 주지 못했기 때문이라는 것이다. 그는 『책임의 원칙』의 첫 문장에서 "인간에게 행복을 가져오리라고 믿었던 자연지배"가 오히려 인간의 행복을 빼앗아가고 왜곡을 불러일으켰다고 말한다. 몇 세기 동안 자연의 지배권을 행사해 온 베이컨의 유토피아 사상과 그리스 신화에서 등장하는 프로메테우스적인 열광이 지나간 오늘날, 이제 앞을 향해 고삐를 다시 붙잡고자 책임윤리의 토대를 요나스는 견고하게 정립하고자 했다. 그러면 여기서 프로메테우스의 신화에 대해 잠깐 살펴보자.

태초에 이 세상에는 인간이 살지 않았다. 그래서 제우스는 자신의 사촌이라 할 수 있는 프로메테우스(Prometheus)에게 인간을 만들 것을 명령한다. 그 명령에 따라 프로메테우스는 진흙으로 최초의 인간을 만들게 된다. 프로메테우스는 티탄족으로 그리스어로 그의 이름은 '미리 알다'(먼저 생각하는 사람)이라는 뜻이다. 티탄족이 올림포스 신들과 전쟁을 치를 때 프로메테우스는 올림포스의 신들이 승리할 줄 미리 알았기 때문에, 동생 에피메테우스(Epimetheus : 나중에 생각하는 사람)와 함께 티탄족 편에 가담하지 않았다. 그래서 이 두 형제는 대부분의 티탄족 들에게 내려진 징벌을 모면할 수 있었다. 티탄족과의 전쟁이 끝나자 제우스는 프로메테우스에게 인간을 창조하라는 명령을 내렸다.

프로메테우스는 대지에서 흙을 조금 떼어내어 물로 반죽하여 인간을 신의 형상과 같이 만들었다. 그는 인간에게 직립자세를 주었으므로 다른 동물은 다 얼굴을 밑으로 향하고 지상을 바라보는데, 인간만은 얼굴을 하늘로 향하고 별을 바라보게 된 것이다. '먼저 아는 사람'을 뜻하는 프로메테우스는 그렇게 만든 인간이 너무나 나약한 것을 보고 제우스 몰래 불을 훔쳐다 인간에게 주게 된다. 오늘날 인간이 다른 짐승들을 제치고 문명을 일으키며 발전하게 된 몇 가지 이유 중 하나가 바로 불 때문이었다는 것을 감안한다면, 그것은 프로메테우스가 인간에게 준 가장 큰 축복이라 할 수 있을 것이다. 하지만 인간에게는 너무나 고마운 신인 프로메테우스는 그 선물 때문에 고통의 시간을 보내게 된다. 제우스가 자신을 속이고 인간에게 불을 가져다 준 사실을 알게 되어 그에게 벌을 내린 것이다. 코카서스 산에 있는 바위에 쇠사슬로 묶여, 독수리에게 간을 쪼여 먹히는 벌이 그것이다. 그게 뭐 그렇게 대단한 형벌이냐?고 물을 수 있다. 문제는 낮에 독수리에게 간을 쪼이는 고통을 당하고 난 후, 밤이 되면 간이 원래대로 회복되어서 영원히 그러한 과정이 반복된다는 것이다. 프로메테우스는 날마다 심한 고통을 겪을 수밖에 없었다. 그래서 프로메테우스는 희생의 상징으로 간주되기도 한다. 요나스는 프로메테우스와 같은 권력이 근대과학과 기술에 반드시 커다란 영향을 행사한 것만은 아니라고 이야기한다. 왜냐하면 프로메테우스와 같은 권력이 과학의 성장 능력에 부당함을 이미 예견하고 있기 때문이다. 지금까지 인간은 자신의 권력에 대해 잘못을 알고 있으면서도 여전히 자연을 지배하고 있었기에 치료의 근본적인 원인을 제대로 처방하지 못하였다. 따라서 인간이 자연을 지배하기 위해 끊임없이 위협을 가한다면, 인류는 엄청난 재난에 빠질 것은 자명한 현실로 다가오고 있다.

최근에 전 세계적으로 가장 심각한 현상은 지구온난화이다. 지구온난화는 인간이 과학기술의 지식을 지나칠 정도로 과신하고 남용한 직접적인 결과의 사례이다. 지구온난화는 2080년대 지구 평균 기온이 3도 이상 올라가게 되면 전 지구 생물 중 대부분은 멸종할 것이라는 충격적인 경고가 나오고 있다. 인류는 지속적으로 생존은 하겠지만, 전 세계 인구의 20% 이상은 홍수 위험에 노출되고, 최고 32억 명이 물 부족을 겪는 등 심각한 재난에 시달릴 것으로 전망하고 있다.

2009년 유엔의 정부 간 기후변화위원회(IPCC)보고서에 따르면, 2020년대 지구 평균 기온이 1.5도 오르면 4억~17억 명이 물 부족사태를 겪게 된다고 한다. 생태계에도 혼란이 초래되어 양서류가 대거 멸종 위기에 직면하고, 농작물 생산량이 감소해 1000만~3000만 명이 기근에 시달릴 것으로 예측하고 있다. 홍수와 폭우 위험은 높아지고, 전염성 질병과 알레르기가 증가할 것으로 IPCC는 내다보고 있다. 2080년대에 기온이 3도 상승하게 되면 지구에는 더 큰 재앙이 닥칠 것이라고 보고서는 전망하고 있다. 해수면이 24㎝ 높아져 지구 해안가의 30% 이상은 바다로 변할 수 있다고 보고한다. 남태평양 등의 일부 섬나라들은 육지가 바다 속으로 사라지면서 국가가 없어지는 운명을 맞을 수 있다. 인류는 또 영양 부족과 심장관련 질환이 늘어나 고통을 받게 된다. 우리나라도 지구온난화 추세가 계속될 경우 2050년에 한반도 기온은 3도 오르고 강수량이 17% 증가할 것이라고 예측하고 있으며 태풍이 지금보다 훨씬 자주 한반도를 강타하며 심한 더위가 닥칠 것으로 전망하고 있다. 온실가스의 방출량이 변하지 않는다고 가정할 경우에, 차기 1세기 동안 범지구적 평균 기온은 매년 10년 마다 0.3℃씩 증가하게 될 것이다.

최근 IPCC보고서에 따르면, 산업화 이전에 비해 기온이 2-2.4℃ 상승하는 수준으로 지구온난화를 억제하기 위해 이산화탄소를 포함한 모든 온실가스의 이산화탄소 확산 농도, 즉 이산화탄소를 345~390ppm으로 안정화돼야 한다. 지속적으로 세계의 이산화탄소 배출이 지난 2000년과 2015년 사이에 최고치에 달했다가 2050년까지 2000년 수준의 50-85%만큼 떨어지도록 해야 하지만, 그다지 쉽지 않다. 1990년 이래 중국과 인도의 이산화탄소 배출은 각각 두 배 이상으로 증가했고, 중국은 미국은 세계 최대의 온실가스 배출국이 되었다. 현재의 속도가 유지된다면 중국은 이산산화탄소 배출은 10년 마다 다시 두 배가 되고, 인도의 이산화탄소 배출은 15년이 채 되지 않아 다시 두 배가 될 것으로 전망한다. 또한 지구온난화는 열 스트레스 때문에 여름철에 발생하는 사망자 수를 증가시킬 것이다.

그러나 겨울에는 덜 추워서 사망자 수가 감소하여 전체 사망자 수는 이전과 마찬가지가 될 것이라는 전망이다. 이런 지구상의 변화로 인한 위기는 이제 심각한 지경에 이르렀다. 이러한 지구온난화의 실례에서 요나스의 생태윤리학은 어떤 방향

점을 제시해 주고 있는가?

3-2. 전통(傳統) 윤리학의 한계는 무엇일까?

요나스의 생태윤리학은 네 가지의 접근방법으로 살펴볼 수 있다. 즉 존재론적, 기술윤리적, 환경윤리적, 책임윤리적 접근이 그것이다. 앞의 세 가지 접근방법은 서로 친밀하게 연관되어 있으며, 이 세 가지 접근 방법은 미래윤리로서의 책임윤리로 수렴된다. 미래의 윤리라는 것은 현대 기술문명에서 미래를 고려해야 하는 윤리이다. 그래서 요나스의 중심주제는 기술문명시대를 위한 윤리를 제시했고, 이러한 생각은 그의 『책임의 원칙』의 부제에서도 잘 나타나 있다. 요나스에 의하면, 『책임의 원칙』에서 인류가 그동안 발전시켜 온 과학기술의 결과들로 인해 우리가 살고 있는 삶의 여러 방식들에 대해 많은 변화를 가져 왔다고 이야기한다. 요나스는 그러한 삶의 양식에 대한 변화가 환경에 부담을 주는 많은 부정적인 사례를 남겼다고 진단한다.

무엇보다 우리에게 전해 내려온 세계관의 가장 큰 변화는 인간이 갖고 있는 기술의 조작행위를 통해 인간이 자연을 무참히 훼손시켰다는 점이다. 본래 기술을 가리키는 그리스어 테크네(techne)라는 개념은 인간의 생산행위를 실행하여 완성되는 영역에 대한 지식을 의미한다. 오래전부터 인간이 생산하고자 하는 목표는 광범위한 자연의 힘 앞에서 언제나 자연에 대한 인간영역을 경계 짓는 것이었다. 그렇지만 자연은 끊임없는 생산과정의 체계로 진행되고 있다는 점에서 생산구조를 갖고 있다. 인간은 주로 자연이 생산하는 생산품들을 외부에서 그 원인을 찾는데 비해, 자연은 생산품을 내부에서 찾는다. 자연과 인간의 기술행위는 생산이라는 개념을 통해 구조가 일치하는 접점을 갖고 있다. 자연의 자기 생산방식과 마찬가지로 인간이 자신의 영역을 생산하고 있다는 점에서 자연은 인간행위의 규범이 된다. 오랜 세월 동안 자연은 자연의 영원불변성과 모든 인간행위를 규정하는 전제조건이었다. 이러한 연유로 이제껏 전통윤리는 인간의 영역에서만 한정하였으며 자연에는 그다지 관심을 기울이지 않았다.

현재 기술공학의 힘은 인간을 인위적으로 간섭하고자 하는 통제의 범위를 넘어서 있다. 그리고 우리가 행위 한 모든 영역을 최대한 동원하여 변화를 주어왔다. 이미 자연은 돌이킬 수 없을 정도로 많은 피해와 훼손을 심하게 입었기 때문에 우리는 그 이전에는 전혀 상상할 수 없었던 자연의 침해를 똑바로 인식해야 한다. 따라서 21세기의 환경연구(생태학)는 주변의 사물을 보다 체계화시키고 우리들의 사유방식을 크게 변화시킬 수 있는 계기를 만들 수 있도록 다 같이 노력해야 한다. 우리는 엄청나게 성장한 과학기술이라는 권력을 행사한 결과로 인해 그 어느 때 보다 훨씬 더 많이 윤리적인 책임을 필요로 하게 되었다. 인간이 의존하고 있는 많은 과학기술의 권력은 지구상에 살고 있는 인간뿐만 아니라 자연이나 동물 등 여러 종들을 망라하여 위협을 행사하고 있다. 그래서 자연은 인간의 행위와 인간의 책임대상에 따라 훼손하는 강약의 정도도 각기 다르게 나타난다. 이런 점에서 "인간은 자연에 대해 마땅히 책임을 져야 하며 지금까지의 윤리이론을 새롭게 심사숙고해야 한다."

지구의 모든 환경은 서로 영향을 주고받고 있기 때문에 생태계에서 일어나는 광범위한 침해사례들은 우리 모두가 책임져야 할 대상들이다. 우리인간은 현재 엄청나게 성장한 과학기술의 권력에 의존하고 있기 때문에 잠재적인 위협이 그 어느 때보다 우리 곁에 다가왔음을 깨달아야 한다. 또한 언제나 인간은 이성이라는 권력을 쥐고 있기 때문에 인간의 책임도 권력에 의존하여 행사되고 있다. 이러한 관점에서 우리는 보다 새로운 도덕규범과 윤리이론들을 분명하게 제시해야 할 과제가 부과되어 있다. 그리고 우리 인간은 이제까지 그다지 깨닫지 못했던 윤리의 권한행사도 바르게 인식해야 한다. 왜냐하면 인간행위의 본질이 시대의 흐름에 따라 많이 변화하였기 때문에 변화된 인간행위의 본질만큼이나 윤리의 변화를 강력히 요구하게 되었다.

요나스는 『책임의 원칙』에서 "과거와는 다르게 이미 변화

과정을 겪은 인간행위의 본질에 변화를 가져와야 된다"고 하면서 책임의 개념을 윤리학에서 중요하게 제시한다. 지금까지 우리가 이성이라는 권력을 갖고 행사하게 되면서 인간행위의 본질도 차츰 변해 왔다. 윤리학이 인간의 행위와 밀접하게 관련되어 있기 때문에 인간행위의 변화된 본성은 이미 윤리학의 변화를 새롭게 원하고 있다. 그런데 변화된 인간의 행위에서 나오는 인간의 권력은 다시금 책임의 역할을 강하게 요구하게 되었다.

지금까지의 전통윤리학은 오로지 '지금'과 '여기'에 살고 있는 인간만을 문제 삼아 대체로 인간과 인간사이의 관계에서 나타나는 선(善)을 다루었다고 요나스는 말한다. 요나스에게 있어서 지금까지 전통윤리학의 책임은 잘못된 행위에 대한 원인과 결과의 인과적 책임만을 의미하였으며, 단지 잘못된 행위도 행위자가 법적, 도의(道義)적인 책임만을 지는 것을 뜻하였다. 지금까지 윤리학은 "너의 이웃을 네 자신과 같이 사랑하라, 너의 자녀를 진리의 길로 이끌어라, 인간으로서 가지는 너의 존재와 최선의 가능성들을 발전시키고 실현함에 있어 탁월성을 추구하라, 너의 개인적인 행복을 공익에 예속시켜라, 너는 바르게 살아야 한다. 그렇지 않으면 훌륭한 사람이 될 수 없다. 누구에게든지 거짓말하지 말라. 그러면 그에 대한 벌을 받게 될 것이다. 너의 능력을 최대한 발휘하라. 그러면 행복해질 것이다. 사람을 수단으로 대하지 말고 항상 목적으로 대하라." 이러한 실례들 모두가 인간에게서 일어나는 윤리적 상황이다.

이렇게 요나스에 따르면, 이제까지의 전통윤리학은 인간 중심적인 것으로서 모든 인간 행위에서 나타나는 상황만을 설정하여 주제를 삼아왔다는 것이다. 특히 요나스는 서구의 전통윤리학이라 말할 수 있는 고대 그리스의 윤리학, 유태교의 윤리학, 기독교의 윤리학 등이 그러한 측면을 더 많이 보여 왔다는 것이다. 하지만 지금은 "인간중심주의"[2]를 한정하여 이야기하는 것은 더 이상 그 타당성을 지니지 못하게 되었다.

요나스의 궁극적인 관심사는 자연에 대한 기술권력의 끊임없는 확장에 따르는 새로운 윤리학의 정립이다. 전통윤리학이 인간의 자유에 기반하고 있다면, 요나스의 새로운 윤리학의 토

2 인간중심주의자들은 인간존재의 내재적 가치만을 인정하여 인간이외의 다른 모든 자연의 존재자들을 인간의 목적 실현을 위한 수단으로 활용될 수 있다고 주장한다. 환경의 위기는 우리의 방만한 생활태도와 무분별한 개발정책이 초래한 부작용에 해당하는 것이기 때문에, 우리의 생활태도를 친환경적인 정책으로 바꾸어 환경문제도 환경기술과 환경산업을 조장함으로서 훼손된 환경을 복원하고 지속 가능한 개발을 도모함으로써 해결할 수 있다는 견해이다. 인간중심주의란 인간만이 직접적인 윤리의 배려대상이라는 관점이다. 즉 인간에게만 내재적 가치를 인정하고 인간 이외에는 단지 수단으로서만 가치가 있고 인간에게 이바지하는 수단 내지 도구인 한에서만 가치가 있다고 하는 사고방식이다. 인간중심주의는 인간만이 본래적 가치를 가지며 인간 이외의 존재들은 인간의 목적달성의 수단이기 때문에 도구적 가치만을 가진다고 주장한다. 그래서 이것은 인간을 다른 종의 구성원들보다 우월하다고 간주하는 인간우월주의라는 비난을 받는다. 한편으로 인간중심주의는 "인간적 혹은 인간의 의식의 관점에서 인지된"이라는 뜻을 의미하는 것과 같은 빈도수로 "도구적"이라는 뜻을 가진 것으로 사용된다. 다른 한편으로 모든 자연물을 도구적으로 다루기를 원하지 않으면서 우리가 동물과 자연대상물에 비인간중심주의적 가치를 부여한다고 할지라도, 여전히 인간이라는 가치 부여자에 의해 창조된 가치이다.

대는 자연이다. 무엇보다 요나스는 윤리학이 인간의 자유에 초점을 맞추는 한, 주관적이고 인간중심적인 성격에서 크게 벗어날 수 없다고 본다. 여기서 자연은 인간의 자유와 대립하는 것이 아니라 인간까지도 포함한다. 다시 말해 자연은 인간과 모든 사물의 총체를 뜻한다. 따라서 그는 지금까지의 전통 윤리학에 대해 다음과 같이 의문을 제기한다.

> "새로운 종류의 인간 행위가 인간의 관심만이 아니라 그 이상의 것을 고려해야 한다면, 어째서 우리의 의무는 더욱 확장되고 모든 전통 윤리학에서 인간 중심적으로 제한했던 것이 더 이상 타당하지 않는 것일까?"

자연이 인간의 기술에 의해 복원될 수 없을 정도로 심각하게 손상되었다는 사실은 이제 새로운 윤리학을 요청하게 되면서 기존의 전통윤리학을 반성 대상으로 삼게 되었다. 자연에 대해 인간이 잘못을 저질렀을 때에 반드시 책임져야 한다는 생각은 이제까지의 전통윤리학에서 찾아볼 수 없는 새로운 요소임은 분명하다. 예를 들어 "우리가 나무를 베어 땔감으로 삼거나, 나무를 재단하여 가구로 만들거나, 함부로 폐수를 버려 강물의 수질을 오염시키거나, 자동차 배기가스로 인해 공기를 더럽히거나, 냉장고나 에어컨 등을 가동하여 주변의 공기를 더워지게 하는 것" 등은 인간들 관계에서만 일어나는 것이 아니라 자연과 일정한 관계를 맺고 있다. 지금까지 주로 인간과 인간들 사이의 관계들로 이루어진 윤리학은 이제 인간과 자연의 관계에 대해 새롭게 판을 짜야 한다는 것이다. 예컨대 자연, 동물, 식물 등이 그 대상에 포함된다. 요나스는 전통윤리학의 한계를 지적하고 현대문명이 초래한 생태 위기를 극복하기 위하여 생태 윤리학이라는 명칭을 내걸고 현세대는 물론 미래의 세대에게 새로운 방향을 제시하였다.

하지만 지금까지의 인간중심의 전통 윤리학이 모두 다 부정적인 측면만 갖고 있는 것은 아니다. 과거나 지금에도 "인류가 존재해야 한다는 사실은 여전히 인간에게 타당한 첫 번째의 명제"이다. 그래서 요나스는 인간의 기술행위를 통해 나타난 상황을 새롭게 책임을 질 수 있는 차원으로 책임의 윤리학을 전개하고자 한다.

첫째, 인간에 의한 자연의 침범은 인간이 책임져야 할 대상이다. 자연의 본질은 인간의 힘에 의해 인도되고 있지만, 자연 스스로 어떠한 원인을 낳지는 않는다. 여기서 인간의 책임은 인간이 지니고 있는 힘의 전제조건이 되기도 하지만, 반드시 인간의 힘에서 나오는 것만은 아니다. 자연에 대한 인간의 책임은 가장 원초적이고 대중적인 의미에서 나온다. 예를 들어 사람들이 야산을 깎아 골프장을 만들거나 스키장을 만들어 그 여파로 홍수나 태풍을 만나 재해를 입는다면, 이는 인간들이 책임을 져야 한다는 것이다.

둘째, 과학기술의 결과에서 나타난 부작용은 다시 인간의 지식을 이용하여 그에 대해 책임을 부과할 것을 요구한다. 인간이 행위한 결과에 따라 책임도 일치시켜야 한다. 지식은 우리가 행위하는 원인과 결과의 인과적 사실에 일치해야 하지만, 향후 예견(豫見)할 수 있는 지식은 새로운 윤리적 의미로 다시 받아들여야 한다. 즉, 우리가 예견할 수 있는 지식이라는 권력과 행위라는 권력 사이에서 드러나는 대립관계를 극복하지 못한다면, 심각한 윤리적 문제를 초래할 수 있다. 예컨대 에어컨은 우리에게 시원함을 제공하지만, 지속적인 사용은 지구의 온난화를 촉진시키는 원인을 제공할 수 있다. 또한 이상기온으로 눈이 오지 않을 때, 겨울 가뭄은 지구 온난화를 촉진시킨다. 그렇다면 이에 대처할 방법을 마련하여 이에 대한 좋지 못한 결과도 아울러 예견하여 그 대책을 마련해야 한다.

셋째, 자연은 자연 그 자체로 도덕적 요구를 하고 있기 때문에 윤리는 형이상학에 근거한다. 형이상학이란 자연에서 나타난 있는 그대로를 밝히는 것이 아니라 그 배후의 것들을 밝혀내고자 하는 것이다. 예를 들어 인간이 나무를 베어 의자를 만들어 유용한 도구로 삼을 수 있지만, 나무를 훼손한 결과로 인해 산사태를 맞이할 수 있기에 그 뒷면에 나타날 수 있는 부정적 현상을 생각해 보아야 한다.

이렇게 요나스는 위에서 제시한 세 가지 관점들을 통해 구체적인 이론의 기초를 세우고자 하였다. 요나스는 현재의 과학기술이 고도로 발달된 산업문명사회 속에서 일어나고 있는 환경문제를 생각해 볼 때, 인간중심으로 진행되어 온 전통윤리학은 그 수명이 다했다고 본다. 그래서 그는 이를 대신할 수 있는 새로운 윤리학이 필요하다고 강조한다. 현대의 과학기술이 낳은 행위들의 규모가 너무나 새롭고 그 한계의 수위를 이미 넘어섰기 때문에 기존 전통윤리의 배움을 통해서 더 이상 자연현상을 이해할 수도 없고 그 문제점을 제대로 파악할 수도 없다. 예컨대 지구온난화, 오존층의 파괴, 전 지구적인 규모의 환경문제란, 21세기 우리의 현세대가 살고 간 이후가 될지 모른다고 가정하여 볼 경우에, "지금", "여기"에 살고 있는 인간만을 다루는 윤리학은 환경문제의 본질을 제대로 이해할 수 없다.

이러한 관점에서 요나스는 현대 산업사회의 위기상황을 "아는 것이 힘이다"라고 외친 철학자 베이컨의 사상을 출발점으로 하여 칸트, 마르크스, 블로흐, 니체 등의 철학을 통해 새롭게 재조명한다.

3-3. 요나스의 책임개념

요나스는 『책임의 원칙』 4장에서 "왜 이제까지 책임의 개념이 윤리학의 중심에 서지 못했는가?"라고 묻는다. 이러한 물음에 대해 전통윤리학에서는 인간의 권력과 지식의 상호연관성을 그다지 심각하게 다루지 않았기 때문에 미래의 운명도 자연의 질서에 내맡겨진 어쩔 수 없는 상황이라 생각하였다. 이런 상황에서는 미래의 지평을 열어야 할 책임의 문제도 관심을 기울이지 못했다.

그는 여기서 책임의 개념을 두 개의 의미로 구분한다. 첫째, 인간이 이미 행위한 원인과 결과라는 인과적 책임소재로서의 책임, 둘째 인간이 지속적으로 행위해야 할 것에 대한 책임이 그것이다. 무엇보다 인간에게서 책임은 이미 실행한 행위의 원인과 결과의 인과적 책임소재를 회고하는 보고서일 뿐만 아니라 미래의 행위를 예견하는 의무를 뜻한다.

요나스가 주제로 삼고 있는 책임의 개념은 다른 일상적 의미의 책임개념처럼 이미 지나간 행위의 원인과 결과라는 인과율에서 출발한다. 원인과 결과라는 인과적 책임소재는 개인의 경험적인 인과적 행위와 동일시된다. 왜냐하면 개인의 행위는 행위 하는 삶에 의해서 진행되기 때문이다. 예컨대 "내가 철수와 일요일 12시에 학교에 중요한 과제물을 갖다 주기로 하고 만나기로 약속을 하였는데, 지하철이 연착되는 바람에 1시에 학교에 도착하였다. 그때 이미 철수는 그 장소에 없었다." 여기서 약속을 못 지킨 행위는 지하철의 연착 때문이라 말할 수도 있지만, 조금 빨리 집에서 나왔다거나 다른 차편을 이용하였다면 약속시간에 도착하였을 것이다. 어쨌든 이러한 행위는 사소한 행위라 할 수도 있지만, 약속한 행위에 대해서는 변명의 여지가 없기 때문에 반드시 실행한 행위에 대해서는 책임을 져야 한다는 의미를 갖고 있다. 이렇게 책임의 전제조건은 원인과 결과에서 뒤따라오는 인과적 힘이라 말할 수 있기 때문에 행위자는 자신이 행위한 것에 대해 책임을 져야 한다. 따라서 인간은 자기가 행한 행위의 결과에 대해 반드시 책임을 져야 하며, 동시에 그 행위자에게 책임을 물어야 한다. 책임진다는 것은 우리가 행위 한 결과뿐만 아니라 우리의 자유로운 의지에 의무를 다하는 것이다. 그래서 책임은 도덕의 전제조건이 되기도 하지만, 도덕 그 자체를 의미하는 것은 결코 아니다.

미래의 인간이 마땅히 행사할 권리를 미리 예견하여 그 권리를 존중하는 것도 원인과 결과의 인과율이기 때문에 우리가 아주 특별하게 느끼는 책임일 수 있다. 책임은 권리에 대해 응답하는 의무이다. 다시 말해 책임은 긍정할 만한 권리에 응답하는 의무라는 사실이다. 그러므로 요나스에게 있어서 책임은 자연에 내재해 있는 목적과 가치를 의미하며, 미래세대의 존재에 대해 귀중하게 대해야 한다는 것을 함축하고 있다.

요나스는 행위 해야 할 것에 대한 책임의 개념을 강조한다. 행위 해야 할 것의 책임은 그 행위를 행한 자가 도덕의 주체가 되기 때문에 잘못된 행위에 대해서는 도덕적 책임을 져야 한다. 여기서 요나스는 행위 해야 할 것에 대해 도덕철학을 구성해야 한다고 말한다. 즉, "그 무엇을 위한 대상은 나의 밖에 놓여 있기는 하지만, 나의 권력에 의존하여 있다. 또한 그 대상은 그 권력에 위협을 받음으로써 나의 권력의 작용 안에 있다. 나의 권력에 대해 그 대상은 그 권력이 존재하거나 존재할 수 있는 것의 본질로부터 실존에 대한 자신의 권리를 대립하게 한다. 그리고 실존은 도덕적 의지를 통해 권력을 자신의 의무로 받아들인다. 권력은 나의 것이고 이 사태에 대한 원인을 가지고 있는 까닭에 사태 또한 나의 것이다."

이런 맥락에 따라 요나스는 기본적인 책임의 개념을 제시한다. 모든 환경문제에 대해 인간이 자연을 배려하고자 하는 의도도 권력의 확장과 관계가 있다. 즉 인간은 권력을 가짐과 동시에 그 권력을 갖고 위협을 행사할 수 있기 때문에 자연에 대해 책임져야 할 의무를 갖고 있다. 그래서 책임은 의무를 다해야 할 존재에 대해 마땅히 배려를 해야 한다. 책임은 모든 자연생태에 대해 나뿐만 아니라 우리 모두를 위해 권리와 도덕적 의무를 져야 한다.

이런 점에서 인간들은 사유의 획기적인 전환점이 필요하다고 요나스는 재차 말한다. 그래서 모든 자연의 생태계는 인간의 책임을 더욱 필요로 한다. 다원화된 사회에서 인간의 욕구는 무수히 많은 위험을 지속적으로 낳고 있기 때문에 모든 생명체는 우리가 책임져야 할 대상이다. 요나스의 책임개념을 다양하게 정의를 내릴 수 있지만, 아직 확고하게 정착되지 못했다. 요나스는 책임의 개념을 인간존재의 본질과 행복에 연관시킨다. 그에게서 책임은 전체적인 관점에서 그리고 연속성이라는 측면에서 미래를 예견하는 공통점을 발견할 수 있다. 따라서 요나스는 책임의 부류를 다음과 같이 구분한다.

① 상호간의 책임과 일방적 책임(비호혜적 관계)이다. 완전히 동등한 사람들 사이에서나 수평적 의미에서 엄밀한 책임이 존재하는지에 대한 것이다. 이 책임은 일방성을 지닌다. 예컨대 부모와 자식 사이는 일방적인 책임을 지며 지속적이다. 또한 등반가와 같은 위험한 집단행동을 하는 사람들과 같이 모든 사람이 자신의 안전을 위해 다른 사람을 신뢰할 수 있어야 하며, 모든 사람이 서로에게 형제의 보호자가 되는 경우에는 상호책임관계를 말할 수 있다. 또한 수평적인 가족의 책임은 자식에 대한 부모의 수직적인 가족의 책임보다 져야 할 책임이 미약하며 훨씬 더 무제약적이다. 자식들이 존재하는 한, 부모는 자식들에 대해 모든 희생을 다하며 기회에 따라 임시적이지 않고 지속적이다.

② 자연적 책임과 계약에 의한 책임이다. 부모의 책임에서 볼 수 있듯이, 자연적으로 존재하는 책임은 미리 동의를 구하는 것에 의존하지 않으며 취소할 수도 파기할 수도 없다. 이러

한 책임은 세계의 어느 곳에도 존재한다. 계약에 의한 책임은 어떤 위탁을 주고받음으로서 생기는 책임이다. 예컨대 어떤 직책을 위임하는 것은 내용과 시간에 따라 부과된 임무를 수행하는 자가 바뀔 수 있다. 어떤 직책을 위임 받는다는 것은 일종에 선택의 요소를 함축하고 있기 때문에 의무로부터 면제가 가능한 것처럼 선택으로부터 퇴직도 가능하다.

③ 스스로 선택한 정치인의 책임과 선택하지 않은 책임이다. 자유롭게 선택한 책임은 먼저 선택한 후에 택한 책임 때문에 주어지는 것이며, 이는 책임을 완수하는데 필요하다. 스스로 선택하지 않은 책임은 권력의 영향권 내에서 이미 실행하고 있는 한, 최고선은 우리에게 선택의 여지없이 책임을 부과하며 의무에서 결코 해방되지 않는다. 권력을 추구하는 곳에서 항상 명예욕이 강한 사람들이 뒤섞여 있다. 권력을 갖고 있는 사람들이 이익을 위해 일하는 진정한 정치인은 자신의 명예를 발견한다. 정치인은 곧 이들을 위해 권력을 가지고 있다고 할 수 있다. 즉 "~에 대한"이라는 권력의 대상이 "~을 위한" 이라는 권력의 목적이 된다.

④ 특수한 책임과 총체적 책임이다. 특정한 책임은 개인의 특정부분과 특정시기에 한정되어 있다. 예컨대 승객을 위한 선장의 책임, 의사의 진료행위 등이 그것이다. 총체적인 책임은 그 후에 무엇이 일어날 것이며, 어디로 이르게 될 것인가 등

을 묻는 역사적인 것을 말한다.

3-4. 요나스의 공포의 발견술(heuristics of fear)이란?

요나스에 의하면, 인간의 근본적인 목적은 누구나 자기 자신을 잘 보호하고 보존하고자 하는데 있다. 즉 우리 인간은 자신의 생명을 보존하고자 하는 자기목적을 가지고 있다. 여기서 인간의 '자기목적'은 어떤 목적이 다른 목적을 위해 지속적으로 퍼져나가게 하는 것을 의미하지 않는다. 단지 인간의 자기목적은 어떤 다른 목적을 위해서도 아니며 오직 하나밖에 없는 자기 자신의 생명을 보존하려는 일차적인 목적을 갖고 있다. 예컨대 내가 오늘 학교에서 선생님의 말씀을 귀담아 듣고 공부를 열심히 하고자 하는 것도 미래의 행복을 위해 자기 자신을 위하는 것이거나 자기를 보다 잘 보존하고자 하는 것이며, 그리고 우리가 훌륭한 사람이 되고자 어떤 목적을 갖고 노력하는 것도 남을 위해서가 아니라 자기 자신을 위해서이다.

하지만 인간들이 자기 자신을 보존하려는 행위는 인간에게만 고유하게 갖고 있는 것이 아니라 인간 이외의 다른 생물들도 지니고 있다. 그런데 인간은 인간 이외의 생물에 대해서는 그다지 관심을 기울이지 않았으며, 인간 자신들의 목적만을 성취하기 위해 자연도 인간과 똑같이 목적을 갖고 있다는 생각을 하지 않는다. 이제 우리 인간은 자신들을 보존하고 자신의 목적을 위해 무분별한 행위를 자제해야 한다. 그동안 인간이 인간 자신만을 위해 자연을 대상으로 했던 경제활동을 통해 자연 침해의 결과를 가져다 주었으며, 그 침해의 결과는 이미 심각한 위험에 빠졌다. 오랜 세월동안 동·서양을 막론하고 인간은 기술이라는 권력을 이용하여 최고의 기술문명을 꽃피워 왔다. 이제 우리는 더 늦기 전에 모든 자연물의 침해에 대해 반성과 더불어 책임을 통감하고 지구에 위협을 가하지 못하게 해야 한다. 이러한 지구를 위협하는 요소들은 인간들이 자연을 침해했기 때문에 나타난 현상으로서 자연에 책임을 져야 할 충분한 동기가 있다.

우리가 자연과 관련하여 현재 살아가고 있는 사람들을 이야기할 때, 모든 생태계를 위협할 수 있는 과학기술들의 문제들을 다시 성찰하게 된다. 여기서 요나스는 과학기술의 결과에 대해 "인간은 자연에 주어진 목적을 지닌 존재들에 대해 요청하는 권리를 이행하라"하고 명령한다. 이러한 존재의 요청권은 무엇을 하고자 하는 목적에 의해 보장되어야 한다.

인간뿐만 아니라 무생물조차도 누구나 자기를 보존하고자 한다는 것은 굳이 말할 필요가 없다. 인간은 자신의 개인적인 쾌락 이외는 다른 설득을 그다지 수용하지 않는다. 즉 인간에게 있어서 자기를 보존하고자 하는 의욕은 언제나 존재하고 있으며, 개인에 따라 정도의 차이는 있을지언정 항상 자신의 능력에 의해서 행위 한다는 사실이다. 그런데 "의욕 해야만 한다"와 "행위 해야만 한다"라는 개념이 자기를 보존하기 위해 반드시 필요로 하는 것은 아니다. 왜냐하면 이미 존재하고 있는 의욕은 자신의 행위를 자동적으로 수반하고 있기 때문이다. 그렇기 때문에 인간이 기술행위를 수행함에 있어서 '할 수 있다'라는 능력은 '해야 한다' 라는 실천적 행위를 뜻한다. 따라서 인간행위의 내적인 구조는 존재의 머무름에서 마땅히 실천적 행함으로 전개되어야 한다.

우리는 자연 그 자체가 목적을 갖고 있다고 생각하며 목적론적인 것 그 자체를 선(善)함이라 말한다. 인간은 존재하는 모든 것 중에 가장 많은 목적을 부여받는다. 여기서 인간은 자연의 자기목적을 지닌 행위자의 존재를 파악한다. 특히 요나스 관점에서 인간은 자연에 의존하고 있다는 사실을 겸허하게 받아들여야 한다. 인간이 자연의 보존에 대한 관심을 도덕적인 관심으로 변화시키는 것이 인간의 운명이라면, 이제까지의 모든 인간중심적인 전통윤리는 변화해야 한다. 이렇게 기존의 인간중심적 생각은 21세기 과학기술문명의 시대에는 점차 방해물이 되고 있다.

따라서 요나스가 미래의 상황에 대해 인간들에게 경종을 울려주고자 하는 바는, 생태학적인 재앙이 들어닥치기 전에 보다 강력한 수단을 동원하여 이제까지 올바르다고 당연히 믿었던 사실도 새롭게 반성하는 것이다. 여기서 그는 공포의 발견술(Heuristik der Furcht)이라는 개념을 사용하여 지금까지 과학기술의 발달로 인한 그 결과에서 나타난 인류의 불확실한 미래를 종말론적 상황으로 예상해 보고 그 대안 책으로 미래의 책임윤리를 제시했다. 예컨대 우리는 살인이 없었다면, 아마도 생명의 존중함을 알지 못했을지도 모르며, 또 "살인하지 말라"는 도덕적 명령이 존중함을 보여주지 못했을지도 모른다. 그리고 거짓이 없었다면 진실의 가치를 알 수 없었을 지도 모르며, 부자유가 없었었다면 자유를 알 수 없었을 지도 모른다. 우리는 무엇인가 위기에 처해 있다는 사실을 깨달았을 경우에 비로소 무엇이 위기에 처해 있는가를 알게 된다. 왜냐하면 우리의 존재는 어쩔 수 없이 그 밖의 다른 상황에 처할 수 있을 것이기 때문이다.

우리에게는 악을 인식하는 것이 선을 인식하는 것보다 보다 더 쉬울 수 있다. 따라서 우리가 악이라 알고 있는 것은 선이라 알고 있는 것 보다 더 직접적이며 설득력 있고, 의견의 차이에 시달리지도 않으며 더 더욱 가식적이지도 않다. 예컨대 질병을 보지 않고 건강에 대한 찬가를 읊을 수 없으며, 파렴치한 행위를 보지 않고서는 진실을 찬양할 수 없으며, 전쟁의 처참함을 알지 못하면서 평화를 찬양할 수 있는지 심히 회의적이다.

요나스는 지금껏 인간들은 기술공학을 추구해 왔지만, 우리가 무엇을 행위 해야 한다는 것이 오히려 가장 나쁜 결과를 안겨줄 수 있다는 것을 언제나 상상하면서 우리 자신을 스스로 교육해야만 한다고 말한다. 오늘날 우리가 그 이전에 했던 행위보다 분명한 행위의 결과를 예견할 수 있으며, 그렇지 않고 예견되지 않은 새로운 결과가 나타난다면, 행위의 부정적 결과들로 인해 어떤 위험에 처하게 될 것이다. 그렇게 된다면 우리는 인간의 미래에 대한 생존 가능성을 제대로 예측할 수 없다. 그는 인류가 기술공학의 혁신을 추구함으로써 "이제까지 인류의 길을 밝혀 주었던 희망의 발견술"을 보여주고자 하는 생각에서 그러한 예견들이 필요하다고 말한다. 그러므로 그에게 있어서 희망의 발견술은 기술공학에 대한 부정적 결과들을 제대로 직시하는 것이다. 그는 윤리학에서 "~하라" 보다 는 "~하지 말라"가 우위에 있었음을 지적한다." 예컨대 거짓말하지 말라, 인간을 수단으로 대하지 말라, 싸움을 하지 말라" 등이 그것이다. 죄악으로부터 자유를 지키는 것은 도덕적 의무들 내부에서 먼저 나타나고, 악의 유혹이 더 강해질 때 더욱 그러하다.

그는 공포의 발견술에 대해 우리가 누구나 추구하고자 하는 선(善)에서 찾기 보다는 누구나 싫어하는 불행한 예언을 적용함으로써 미래에 인간이 처하게 될 운명을 진단하는 것이라 말한다. 예를 들어 지구의 온난화, 지구의 사막화 등은 생각하기조차 싫지만, 우리는 실제로 일상생활에서 겪고 있다. 특히 지구 온난화는 이미 홍수와 가뭄, 물 부족, 해안 범람 등의 피해를 일으키고 있다. IPCC가 발표한 조사 보고서에 따르면, 지난 100년 동안 지구 해수면의 높이가 10~25cm 정도 높아 졌다. 태양온도의 상승, 그린란드의 빙설과 북극의 빙상 등의 용해로 지구 평균 해수면도 1961~2003년 연평균 1.8mm(1.3~2.3mm)씩 상승해 왔다. 특히 1993년부터 2003년에는 평균 3.1mm(2.4~3.8)로 그 상승 폭이 매우 커지고 있다. 지표와 해양온도의 상승은 태풍, 해일, 강우량 등 강 이변을 초래하고 생태계에도 지대한 영향을 주고 있다.

북반구의 봄과 여름의 빙산도 1950년 이후에 약 10~15% 감소하고 있다. 빙하학자들이 다양한 관찰을 바탕으로 계산한 것에 의하면, 그린란드와 남극 대륙이 빠르게 녹아버릴 수 있다는 것이다. IPCC에 따르면, 21세기 말에 해수면이 50cm 정도 높은 해수면 상승을 불러올 것이라 예상한다. 빙하는 다른 흰 표면들처럼 햇빛을 반사하여 지구 온난화를 억제한다. 이것을 알베도 효과라 한다. 그러나 빙하가 점진적으로 녹으면 알베도 효과가 감소해 지구온난화를 억제하는 작용이 사라진다. 따라서 지구온난화는 더욱더 촉진될 것이라는 전망이 가능하다.

다른 지역보다 더 심각한 양상을 보이는 고위도 지역의 온난화는 영구 동토층의 용해를 유발하게 될 것이다. 세계 해수면은 매년 2밀리미터 정도씩 상승하고 있다. 그 이유는 물이 따뜻해질 때 팽창하기 때문이기도 하며 얼음과 눈의 융해 때문이기도 하다. 거의 전 세계의 빙하가 수축되고 있다. 그런가 하면 마지막 빙하기 이후 계속 얼어붙어 있던 알래스카와 시베리아의 영구동토 층이 녹아내리기 시작했다. 아마존 우림 일부는 기온의 수목 성장점을 넘어 사바나로 변하고 있다. 이는 100만 km의 면적을 덮고 있는 동토, 특히 평균 25m 깊이의 시베리아 지역 동토가 녹을 수 있음을 의미한다. 전문가들은 영구 빙토층에 5000억톤 가량의 이산화탄소가 포함되어 있을 것으로 추정한다. 북극의 해빙은 이미 줄어들어 면적이 유사 이래로 가장 적어졌다.

남극에서는 과학자들이 2002년의 라르센 B 빙붕(氷棚 ice shelf)의 붕괴를 명확하게 예측할 수 없었다.『사이언스』지에 게제된 논문은 그 붕괴가 온난화된 대양에 의해 유발된 융해의 결과라고 결론지었다. 인도양과 남태평양의 산호초도 시들기 시작했다. 세계보건기구는 매년 15만 명이 기후변화 때문에 죽어가고 있다고 추산했다. 기온이 높을수록 질병의 전파가 더 빠르기 때문이다. 북극해에서의 빙하의 해빙은 해양순환의 변화를 일으켜 유럽을 냉대지역화 할지도 모른다는 견해가 유력하게 제기되기도 한다. 그린란드와 노르웨이 앞 바다에서 무거워지고 차가워진 바닷물이 초당 2,000만 톤 침해로 침강하고 있다. 이러한 침강으로 인해 적도 해역으로부터 따뜻한 물인 멕시코 만류가 북대서양으로 흘러들어가 유럽지역을 현재의 온화한 기후로 유지하고 있다. 이것을 열염순화(thermohaline circulation)라 한다. 그러나 지구온난화로 북극해 얼음이 다 녹으면 해수 바닷물의 침강이 거의 없어지고, 멕시코 만류의 양이 줄어들어 유럽의 기온은 급격히 하강하고 한파가 덮칠 가능성이 높다. 2004년 롤랜드 에머리히 감독의 영화 투모로우(The Day after Tommorrow)는 이러한 시나리오를 바탕으로 만들어졌고, 전 세계의 큰 반향을 일으켰다. 늦은 여름에서 이른 가을사이의 극지방의 얼음 두께가 최근 수십 년간 무려 40% 정도 얇아졌고, 겨울의 얼음두께도 서서히 얇아지고 있다고 한다. 켄 데이빗슨 세계기상기구(WMO) 이사는 "지난 25년간 지속적으로 기온이 상승하고 있고 이와 같은 상승은 최근 천년 동안 유례없는 일"이라고 지적한다. 실제 온실가스의 주범인 이산화탄소의 대기 농도는 산업화 이전에 278ppm이었던 것이 1990년 후반에는 365ppm으로 급증했고, 메탄도 0.7ppm에서 1.7ppm으로 크게 늘었다.

이렇게 지구온난화는 생물의 대량 멸종, 식량 생산 감소와 기아인구 증가, 전염병 확산 등으로 피해가 확산될 조짐을 보이고 있다. 그래서 우리는 매년 예년보다 더 더운 날씨 때문에 힘들어 하고 있으며, 봄만 되면 중국에서 불어오는 황사현상이나 미세먼지 때문에 외출하려면 마스크를 써야 한다. 우리가 겪고 있는 고통은 앞으로 더 심해질 것이라 예측하지만, 이에 대한 주의와 예방을 제대로 대처하지 하지 않는다면, 더욱 그 고통은 심각해질 것이다. 이러한 원리에서 요나스는 새로운 힘에 대한 의무들을 끄집어내어 공포의 발견술이라 명명한다. 이때의 의무란 남들도 따라하기를 요구하는 일반 원칙에 준하여 행동하는 것이다. 이는 "남들이 해주기를 바라는 대로 당신도 남들에게 하라"는 말을 연상시킨다.

요나스는 오늘날의 과학기술시대를 다음과 같이 말한다. 즉 "위험은 실패보다는 인간의 욕구로 인한 물질적 성공에서 비롯되었다. 과학기술시대의 윤리는 이러한 기술행위의 내적인 애매성에 대해 깊숙이 관여해야 할 것이다." 요나스의 이러한 발언은 마르크스의 진보사관을 거부하고 과학기술문명에서 드러난 기술행위의 부정적 현상을 눈여겨 본다. 그가 주목하고자 하는 공포의 발견술은 인간자신이 유한한 존재라는 것, 우리가 인간의 유한성을 깨닫고 겸손해야 한다는 것, 그리고 인간 미래의 불행한 예측들을 주된 내용으로 삼는다. 특히 그가 공포의 발견술을 적용하고자 하는 주된 이유는 향후 심각한 불행의 조짐들을 보다 쉽게 알아보기 위한 것이다. 그는 공포의 발견술을 환기시켜 책임의 동기를 확고히 구축하는데 있다. 무엇보다 책임에 대해 인간행위의 동기를 묻는 것이 바로 요나스가 내세운 공포의 발견술이다. 인간 미래의 불확실한 징조들은 동시에 가장 많은 자극을 일깨워 준다. 또한 그는 예언적인 일깨움이거나 미래의 불확실 징조에 대한 암시를 통해 미래를 위한 대안을 찾아야 한다고 강조한다.

그 이전에 인간에게 전혀 필요 없던 행위가 현재에는 지나칠 정도의 불필요한 행위들이 개입하여 위협할 만한 결과를 낳고 있다. 그렇기 때문에 인간은 과학기술의 부정적인 결과에서 나타나는 불행한 예언에 대해 한 귀로 듣고 한 귀로 흘리지 말고 미래를 신중하게 설계해야 한다.

종국적으로 요나스의 공포의 발견술은 인간과 자연, 인간과 인간 사이에 가로 놓인 장벽을 허물고 책임의 관계를 다시 세우는 것이다. 우리가 지금의 지구를 가장 불확실한 상황으로 예측하였을 때, 인간은 더 늦기 전에 지금까지 근 · 현대과학의 기술을 결합한 운명의 힘을 바로 알고 극복할 수 있는 방법을 찾아야 한다. 우리가 기획하는 미래의 책임윤리는 우리가 예견할 수 있는 인간의 왜곡된 사항들을 올바로 인식하고, 이런 불행한 일들이 발생하지 않도록 함은 물론이거니와 우리 스스로 인간과 자연을 보호할 수 있는 개념들을 새롭게 탐구해야 한다.

역설적으로 우리는 왜곡된 우리의 현 상황에 대해 올바른 인간상을 확보하기 위해서라도 어쩌면 인간에게 더 많은 위협을 필요로 할지 모른다. 그 이유는 위협이 우리에게 잘 알려지지 않는다면, 우리는 무엇을 진정 보호해야 할 지 제대로 인식하지 못하기 때문이다. 이와 같이 공포의 발견술은 황폐화되어 가고 있는 자연의 훼손에 대해 인간에게 경종을 울려주어 인간의 자연에 대한 책임의식을 환기시켜 주는 역할을 한다.

공포의 발견술이란 미래에 구원을 예언하는 것보다는 미래의 불행한 예측에 더욱 더 주의를 기울이자는 것이다. 미래에 대한 불행의 예측을 통해 앞으로 일어날 사건들에 대해 보다 합리적인 방법을 동원하여 그 적합성을 예측하여 위험가능성 있는 불분명한 상황들을 찾아내어 치료를 하고자 하는 것이다. 따라서 공포의 발견술은 과학기술의 진보에 대한 기쁨에만 사로잡혀 있는 것이 아니라 불행의 예언을 통해 새로운 전환의 계기로 삼아야 한다. 이렇게 요나스는 공포의 발견술이라는 개념을 적용하여 그의 목소리를 강하게 높인다. 간단히 말해 그는 공포의 발견술을 적용하여 마땅히 보호해야 할 지구를 위협하고 있는 대상의 배후를 발견하고자 하는 것이다.

그렇지만 요나스의 공포의 발견술은 어느 측면에서는 제한적이다. 그의 책임윤리학은 실제로 무엇을 보호해야 하는 지를 제대로 파악하기 위해 우리가 원하는 희망보다는 공포를 논의의 대상으로 삼고 있다. 그러므로 그의 공포의 발견술이 비록 선을 탐구하는데 있어서 마지막 수단은 아닐지라도, 상당히 유익한 단어임에는 틀림이 없다. 우리가 공포의 발견술을 탐구하려는 의도는 새로운 대상물을 찾아내는 것뿐만 아니라 도덕적 관심을 상기시키는데 있다. 이렇게 요나스의 공포의 발견술은 책임의식을 새롭게 만들어 내기 위해 그다지 잘 알려지지 않은 미래에 불투명한 원리를 단지 요청하는 것만은 아니다. 따라서 그는 책임윤리에서 무엇이 제대로 된 도덕의 원칙인가를 찾아내고자 한 것이다. 이제까지 알려지지 않았던 도덕의 원칙은 결과가 아니라 그 내용이었다. 비록 요나스의 공포의 발견술이 한정하여 적용될 수 있지만, 현재나 미래에 위험의 증후군들을 도처에서 만날 수 있다는 상황을 분명하게 깨닫게 하려는 의도이다. 물론 우리가 기술공학의 결과나 자연생태계의 현 상황을 주의 깊게 관찰하였을 때, 부정적인 평가만 항상 뒤따르는 것은 아니다. 다만 우리는 과학기술의 부정적 평가를 기반으로 어떻게 현 사회를 긍정적인 측면으로 이끌어 갈 것인지의 고민이 깃들여 있는 것이다.

그렇기 때문에 요나스의 공포의 발견술은 의심할 여지없이 어떤 경우에서든지 인간의 불행한 예언에 동의하여 미래에 어떤 모습으로 우리에게 닥쳐올지 모르는 불행을 예방하는데 있다. 우리는 여기서 요나스의 생태윤리학을 이해하기 위해 베이컨과 마르크스의 사상을 이해하면 보다 쉽게 피부로 와 닿을 수 있을 것이다.

chapter 04

자연의 존재론적 형이상학이란?
: 존재와 당위의 문제

chapter 04

자연의 존재론적 형이상학이란? : 존재와 당위의 문제

요나스의 책임개념은 인간이 기술을 통해서 내재적인 권력을 갖추면서 전 지구에 많은 영향을 끼쳤기에 새로운 의미를 부여한다. 여기서 우리는 그가 관심을 집중시킨 존재와 당위, 사실과 가치의 구분에 주목할 필요가 있다. 요나스에게 있어서 책임의 목적개념은 그의 이론에 중요한 역할을 하고 있지만, 존재는 당위에 의해서 추론한다. 존재 안에서 선(善) 또는 가치를 정립한다는 것은 흔히 말하는 존재와 당위 사이에 다리를 놓는다는 것을 뜻한다. 존재와 당위는 선과 관련하여 존재에 가치를 먼저 설정하였을 경우, 현실 속에서 직접적으로 드러난 요청이다. 그에게 있어서 책임의 개념은 당위의 개념을 뜻한다.

무엇에 대한 존재당위(Seinsollen)는 그 존재당위에 대해 어떤 사람이 행한 행위의 당위를 함께 포괄하는 것이다. 말하자면 객관적으로 한 존재에서 다른 존재에로 이행하는 인과성에 대한 의무이다. 객관성은 실제로 객체로부터 나온다. 하지만 우리가 도덕적 규정에 대한 타당성을 증명하려고 할 때, "존재론적" 당위를 증명해야 하는 것으로 환원된다. 여기서 존재론적 패러다임은 실제로는 분명하게 당위와 일치시키는 것이지만, 이 패러다임이 단순하게 당위의 개념으로 받아들이는 것만은 아니다. 다른 말로 표현하여, 세계의 존재당위에 대한 물음은 이 세계의 창조자에 관한 어떤 명제이다. 창조자가 선(善)하다는 존재당위는 어떤 존재에 의존하지 않고 자신의 창조한 것에서 나온다. 즉 창조자는 세계가 존재해야 한다고 생각하였기 때문에 이 세계를 원하였다고 요나스는 설명한다. 이렇게 요나스의 존재와 당위의 명법(明法)은 형이상학적이고 존재론적인 이론에 근거를 둔다. 그는 일정한 존재이해에 의해 존재와 당위의 관계를 새롭게 이해할 수 있다고 믿었다.

그래서 요나스는 존재론적 · 형이상학적 이론에 거시적 차원의 윤리학에 보다 심혈을 기울였다. 무엇보다 인간은 현재 및 미래에도 존재해야 한다는 소박한 관점에서 출발해야 한다는 것이다. 그는 자연의 존재론적 형이상학을 설명하기 위하여 존재의 자기긍정을 목적론적인 근본구조의 방식으로서 인식한다. 인간은 언제나 무조건적으로 존재한다고 하는 자명한 사실이 있을 뿐이다. 왜 없음이 아니고 있음이며, 왜 자살이 아니고 생존인가의 문제는 형이상학에 근거하여 나온다. 따라서 그는 인간의 새로운 의무를 존재론적 논의로 끌어들이기 위해 존재와 당위, 원인과 목적, 자연과 가치에 대한 전통적 질문을 새롭게 정립하고자 했다.

자연의 목적은 가치에서 설정되는데 추구하는 목적에서 성취는 선이고 실패는 악이다. 이러한 구분을 통해 자연의 목적은 가치부여의 가능성을 요나스는 묻는다. 즉 자연의 목적은 목적 합리적이다. 목적합리적인 것은 그 자체에서 선이다. 선에서 인간은 존재하는 모든 것에 최상의 목적을 갖는다. 모든 목적을 지니고 있는 존재는 스스로 찬성도 하며 무가치 한 것에 대해서는 반대한다. 하지만 존재의 부정은 오히려 일종의 관심과 목적을 더 드러내기 때문에 이러한 존재에 대한 발언이 항상 반대에 부딪히는 것만은 아니다. 존재가 자기 자신에 대해 무관심하지 않다는 사실은 모든 가치의 근본적인 가치이자 긍정하는 것이다. 따라서 윤리와 당위의 문제는 가치이론에 대한 고찰을 요구한다. 단지 윤리와 당위의 문제는 객관적인 가치와 객관적인 존재당위에 대한 책임의 문제이다.

인간의 존재당위에 대한 윤리적 · 형이상학적 물음들은 이제 가치들의 지위에 관한 논리적 물음으로 전환된다. 그의 가치이론은 한편으로, 인간과 가치의 이원론으로 전향하는 것을 뜻하며, 다른 한편으로, 인간과 자연사이의 전회(轉回)를 의미한다. 책임의 의무는 책임의 대상을 통해서 "무엇이 존재하고 있는가?" 라는 현존재의 권리에서 나온다. 그리고 이러한 현존재의 권리는 어떻게 그 기반을 두고 있는가? 이러한 물음에 대한 합리적인 근거는 먼저 자기에게 타당한 제1의 선은 당위와 연결된다. 책임의 의무는 책임주체로서의 존재이거나 책임대상으로서의 존재로 환원된다. 여기서 요나스의 책임주체와 책임대상의 분석은 하이데거의 『존재와 시간(1927)』의 존재이론과 흄(David Hume)의 존재당위이론이나 오캄(Wihlim von Okahm)의 다른 형이상학의 존재와 당위의 구분 사이에서 그 유사점을 발견한다. 위와 같은 계통은 다음과 같이 진행된다: 존재와 당위 → 목적→ 가치→ 현존재의 권리→ 책임의 의무가 그것이다.

궁극적으로 인류가 존재해야 한다는 사실은, 우리가 미래의 인간에 대해 책임을 지는 것이 아니라 인간의 이념에 대해 책임을 져야 한다는 것을 의미한다. 그러면 "인간의 이념은 왜 존재해야만 하는가?" "어떻게 인간이 존재해야만 하는가?" 먼저 이러한 인간의 이념에 대한 존재론적 책임은 인간의 일상적인 실존에 대한 책임을 위한 메타기준으로 이행한다는 점이다. 이것은 존재론적 이념, 즉 존재의 이념으로 표현된다. 도대체 왜 인류의 실존이 요청되고 있는가? 인류가 현재나 미래에도 존재해야 한다는 사실은 오로지 인간에게만 관계되는 첫 번째 명법인 것이다. 곧바로 책임은 인간의 이념에서 나타난 목적론적 정언명법이다. 그렇기 때문에 인간은 자연의 목적에 위배되는 행위를 해서는 더욱 안되는 이유다. 인간이 자연에 종속되어야 하는 이유가 이런 정언명령에서 나온 것이라면, 그것은 목적론적 도덕신학이 될 수 있기 때문이다.

그런데 요나스가 보기에 인간에게 어느 정도 권리를 인정하는 것은 의무를 인정하는 것과 다르다. 권리는 인간의 삶을 단지 의무로써 수용하거나 한정하는 것만은 아니다. 책임이 우리에게 무엇인가 의무로써 규정지었을 때, 책임은 당위 윤리 내지 의무윤리의 맥락으로 이해한다. 그러나 책임이 행위결과를 고찰하는 것으로만 파악한다면, 책임은 공리주의적 사유와 관계를 맺게 될 수 있다. 따라서 요나스에게 있어서 책임개념은 한편으로 당위나 의무론적 논증이며, 다른 한편으로 자연의 목적론적 구조에 근거를 둔 새로운 범주의 정언명법을 혼합한 유형이다.

이와 같이 요나스가 파악한 인간 행위의 법칙은 항상 어떠한 행위가 곧 성립될 것이라고 전제하는 행위의 이념만이 아니라 이념이 지향하는 내용의 실존을 주장한다는 점이다. 이런 관점에서 그의 책임개념은 "존재론적인 이념"인 것이다. 따라서 그가 요구하는 미래의 책임윤리에 수반하는 도덕원리는 행동의 이론으로서 인간에 대한 의무들을 저버릴 수 있는 내부의 문제가 아니라, 오히려 존재에 관한 이론으로서 형이상학의 문제인 것이다. 바로 그러한 인간의 이념이 형이상학의 일부분으로 규명된다. 존재의 개념에 대한 전제조건은 존재와 당위의 구분을 통해 형이상학을 반영한다. 존재와 당위의 도그마가 존재에 관련된 특정한 개념을 전제하고 있는 것과 마찬가지로 형이상학적 진리는 지식의 개념을 기반으로 한다. 결국 요나스는 인간의 행위에서 형이상학의 필요성을 요구한다. 즉 한편으로 형이상학의 필요성은 어떤 것은 존재하는 의미에서 당위론적인 존재의 이유를 경험하지만, 다른 한편으로 이를 통해 정당화된 윤리학은 서양 전통윤리(그리스 유태교 · 기독교적 윤리학)의 인간중심주의에서 벗어나야 한다.

chapter 05

칸트 윤리학의 생태주의적 전회

chapter 05

칸트 윤리학의 생태주의적 전회

요나스는 지금까지 규범윤리의 적용했던 관점을 전환하여 새로운 미래의 윤리를 요청하고자 한다. 그는 『책임의 원칙』에서 칸트 윤리학과 대결한다. 즉 요나스는 칸트의 전통 윤리학에서 언급하고 있는 공통감각, 도덕적 감정, 건전한 인간이성 등을 인간중심주의적인 생각에서 한 치도 벗어나지 않았다고 생각하기 때문에 언제나 인간의 도덕적인 측면에 치우쳐 있다고 비판한다.

요나스는 칸트의 인간중심주의적 생각은 현재뿐만 아니라 미래에 대해 연속적인 행위결과나 우리의 삶에 대해 책임의식 등을 가져야 하는데 그러하지 못하다는 것이다. 즉 칸트의 윤리학이 그 당시 합리적 윤리학과 도덕 감성설 사이에서 이론적 갈등의 상황을 배경으로 삼고 있다면, 요나스는 인간중심주의의 윤리학과 대적한다. 칸트의 위기의식이 도덕성의 실재가 가져올 위기와 연관되어 있다면, 요나스의 위기의식은 일차적으로 기술적 실천을 규제할 규범에 대한 전통적 정당화와 관련되어 있다. 먼저 그의 위기의식은 구체적인 행위와 관련되어 있는데, 그 위기의 진원지는 기술공학적 실천이라고 하는 새로운 유형의 집단적 인간행위이다. 먼저 요나스는 기술적 실천이 초래한 미래의 예측 불가능성 자체가 윤리적 의미를 획득해야 한다고 강조한다. 기술공학적 실천에 포함된 불확실성은 논리적으로는 미래에 대해 낙관적 전망을 할 수 있지만, 예측 가능하다는 것은 여전히 불확실하기 때문에 문제의식을 느껴야 한다고 본다. 요나스가 진단하기에 기술공학 시대의 정언명법은 "인류여 존재하라"이다. 이것을 정식화하면 다음과 같다.

> 너의 행위의 결과가 지상에서의 고귀한 인간 생명의 영속성과 양립할 수 있도록 행위 하라.

무엇보다 요나스의 책임윤리학은 보편적인 규범윤리학을 지향한다. 그리고 그는 칸트의 정언명법과는 다르게 새로운 정언명법을 제안한다. 그러면 칸트의 의무론적 윤리학은 어떻게 구성되었을까? 칸트의 윤리학은 그의 윤리적 이론의 세 가지 핵심개념, 즉 선의지(Guter Wille), 의무(Pflicht), 그리고 도덕(Moralische Gesetz) 또는 정언명법(Kategorischer Imperative)을 통해 이해할 수 있다. 이 세 개념은 상호 내재적으로 긴밀히 연관되어 있다. 칸트는 상식적으로 생각하고 있는 좋은 것(das Gute)을 상기시키는 것에서부터 시작한다. 일반 사람들이 좋은 것(善)이라고 부르는 것 가운데는 명석한 두뇌, 뛰어난 판단력, 풍부한 해학, 용기, 권력, 부, 건강과 같은 행복들을 말하곤 한다. 세상 사람들은 인생에서 최고의 목적이 무엇인지 묻는다면, 대체로 행복이라 대답할 것이다. 그런데 칸트는 인생의 최고목적은 행복이 아니라 선의지(善意志)라 말한다. 즉 그는 "세계 안에서나 세계 밖 어디에서도 무제한으로 선하다고 생각할 수 있는 것은 오직 선의지뿐이다"라 강조한다. 인생의 가치는 이미 얻은 행복의 분량에 의해 측정되는 것이 아니라 선의지가 얼마만큼 인생에 나타났으며 인생을 어떻게 형성하느냐에 의해 측정한다.

칸트에 의하면, 도덕적 심성을 가진 사람이라면 행복이 인간이 추구해야 할 최고목표는 아니라는 것이다. 선의지는 오직 의욕 자체만으로도 선하다. 선의지는 그것이 무엇을 실현하고 성취했기 때문에 선한 것이 아니며, 또한 그것이 어떤 설정된 목적을 달성하는 데 쓸모가 있기 때문에 선한 것도 아니다. 만일 우리가 선한 의지에만 주목한다면, 우리는 선한 의지가 의지의 모든 결과물들보다 훨씬 우월하다는 것을 알 수 있다. 어떤 목적에 도달하기 위해 유용하다는 것은 결코 선한 의지를 선하게 만드는 근거일 수 없다. 그 목적이 아무리 가치 있는 것이라 할지라도 매한가지이다. 도덕적으로 가치 있는 선은 용기, 절제, 행복 등을 최상의 목표로서 추구되어야 한다. 상식은 이미 선의지가 최고 가치라는 것을 알고 있다. 따라서 칸트는 상식 속에서 선의지 개념을 분석함으로써 사람들을 철학적 인식에로 이끌어 가려고 하였다.

칸트는 선의지의 개념을 분명하게 하기 위해 의무(Pflicht)개념을 다루고 있다. 칸트에게 있어서 "의무는 모든 가치를 능가하는 그 자체로 선한 의지의 조건이다." 이러한 목적을 위해 칸트는 선의지의 개념을 의무라는 개념으로 전개한다. 이렇게 선의지라는 개념은 의무라는 개념에서 나왔다. 의무는 법칙에 대한 존경에서 나오는 행위의 필연성이다. 행위의 모든 도덕성은 행위가 산출하게 될 것에 대한 애정과 애착이 아니라 의무에서 그리고 법칙에 대한 존경심에서 나오는 행위의 필연성에서 정해진다.

곧 선의지와 의무와의 관계는 애착심에서나 공포감에서가 아니라 의무의식에서 의욕하고 행위 하였을 경우에 곧 선의지가 있다는 것이다. 칸트에게 있어서 도덕적 행위는 오직 의무의식에서 나온다. 예컨대 천성적으로 어진 사람이 있다고 가정해 볼 경우, 그가 친구의 곤궁한 생활 처지를 보고 가슴 아파 견딜 수 없어 동정을 했다고 가정해 보자. 이때 그의 자선행위가 아무리 의무에 합당하고 가상한 행위를 하였다 할지라도 결코 도덕적이라 할 수 없다. 왜냐하면 그러한 행위는 도덕의식에서 나온 행위가 아니라 자애심에서 나온 행위이기 때문이다.

칸트는 도덕율이 당연히 존재한다고 말한다. 도덕율은 모든 사람에 대하여 "모름지기 마땅히 ......해야 한다"라고 명령한다. 그것은 도덕적 실천의 보편적 법칙이다. 그것은 "만일 ...한다면 ..해야 한다"라는 식의 가언적(假言的) 명령 내지 조건적 명령이 아니라 무조건 "해야 ....한다"는 정언명법(Kategorischer Imperativ)이다. 즉 정언명법은 법칙이 객관적으로 누구에게나 타당한 명령으로 주어지는 것을 일컫는다. 이들 도덕적 행위들은 실천이성의 힘을 반영한다. 이성적 존재들에 적용되고 이른바 선이라는 행동으로 인도하는 이러한 원리들에 대한 탐구가 곧 도덕철학이다. 도덕적 행위는 의무를 소중히 여기는 동기에서 수행된 행위다. 의무는 도덕법칙에 대한 경외심에서 행동하지 않을 수 없게 하는 것이다. 의지가 선(善)할 경우에만 도덕적으로 선하다. 선의지는 다른 모든 것의 도덕적 가치의 불가결한 전제조건이다. 칸트의 정언명법은 도덕적 명령, 모든 존재들에게 적용된다. 이는 다른 목적과는 관계없이 그 자체에서 필연적이다. 모든 이성적 존재들에 즉각적으로 적용되며 인간은 그것에 입각하여 행위 해야만 하는 원리이기 때문에 명령한다. 무엇보다 정언명법은 보편적 법칙이 될 수 있는 격률에 입각해서만 행하며. 추상적 형식으로만 나타난다. 칸트의 정언명법은 다음과 같이 정식화된다.

첫째, 보편법칙의 정식: 너의 준칙이 보편법칙이 될 것을 그 준칙을 통하여 네가 동시에 의욕할 수 있는 그런 준칙에 따라서만 행위 하라.

둘째, 목적자체의 정식: 너 자신의 인격에서 다른 모든 사람의 인격에서 인간성을 단순히 수단으로서만 사용하지 말고 항상 동시에 목적으로서 사용할 수 있도록 행위 하라.

셋째, 목적 왕국의 정식: 너 준칙을 통하여 너 자신이 항상 보편적인 목적의 왕국을 세우는 구성원인 듯이 행위 하라.

칸트가 인간의 행위준칙과 도덕법칙의 일치를 강조한 것과는 다르게 요나스는 현재의 행위와 전체 인류의 생존조건과의 관계를 분명하게 규정한다. 요나스가 보기에 칸트의 정언명법은 구체적인 시대연관 없이 사유를 통해 추상화된 사물이었다. 칸트의 정언명법은 어떤 내용적인 규정이 담겨져 있지 않다는 것이다. 그래서 요나스는 이제껏 전통윤리학에서 도덕법으로 군림하였던 칸트의 정언명법을 생태주의적 관점에서 새로운 윤리학에 적합한 내용을 수정한다. 따라서 요나스는 칸트의 "너의 격률이 일반적인 법칙이 되기를 원할 수 있도록 행위하여라"는 정언명법이라는 경구를 새로운 유형의 행위주체로 다양하게 변형시키고, 책임윤리의 과제를 정언명법으로 파악한다. 요나스의 관점에서 칸트의 정언명법은 '인류가 미래에도 존재해야만 한다는 명령을 근거지을 수 없으며, 인류의 미래존재를 도덕적 선으로 판정할 수 없다는 것이다. 그래서 요나스는 칸트의 정언명법에 대해 다음과 같이 언급한다.

> 우리는 여기서(칸트의 정언명법에서) 도덕적 근본적 숙고가 그 자체로 도덕적인 것이 아니라 논리적이라는 것에 주목한다. ...현재를 위한 미래의 희생이 미래를 위한 현재의 희생보다 논리적으로 더 허점이 많은 것은 아니다. 차이가 있다면, 그 차이란 다만 한 경우에는 계열이 계속되지만, 다른 경우에는 그렇지 않다는 것, 즉 행복과 불행의 비율과 상관없이, 불행이 행복을 압도한다고 해도, 심지어는 부도덕이 도덕을 압도한다고 하더라도 계열이 계속되어야 한다는 것은, 계열이 오랫동안 지속되든 아니면 단기간만 지속되든, 계열 내에서의 자기 일치의 규칙으로부터 도출될 수 없다.

이러한 요나스의 반론은 칸트의 도덕적 이념의 보편성에 근거한 판단력을 인류의 생존과 미래의 지속성으로 보고자 한다. 요나스의 관점에서 칸트의 정언명법은 구체적인 시대와 연관 없이 사유된 추상물이다. 칸트의 정언명법에는 어떠한 구체적인 내용이 담겨있지 않다. 그래서 요나스는 그동안 전통윤리학에서 군림하였던 칸트의 정언명법을 생태주의적 관점에서 기반하여 새로운 윤리학에 맞게 수정을 시도한다. 따라서 요나스의 관점에서 새로운 정언명법은 인간행위의 새로운 유형으로 다음과 같이 주장한다: "너의 행위의 효과가 지상에서의 진정한 인간의 삶에 지속적으로 조화될 수 있도록 행위하라." 또한 이것은 부정적으로도 언급된다: "너의 행위의 효과가 인간생명의 미래의 가능성에 대해 파괴적이지 않도록 행위하라." 이것은 다시 간단히 적용된다. "지상에서의 인류의 무한한 존속의 제 조건을 위험하게 하지 말라." 이것은 다시 긍정적인 형태로 전환된다. "미래에 인간의 불가침성을 네가 의욕 하는 동반대상으로서 현재의 선택에 포함하라."

이렇게 요나스가 새로운 정언명법을 보충한 형식은 칸트의 윤리학을 새롭게 해석하여 정언명법에 보조를 맞추는 방식으로 다루는 것이었다. 요나스는 칸트를 비롯한 전통윤리학은 집단적 행위가 아니라 개인적 행위만을, 미래가 아니라 현재만을 문제삼고 있다고 본다. 즉 칸트의 도덕명령은 주로 개인에게 초점이 맞추어져 있는 반면에, 요나스가 공식화한 명령은 인류의 지속적인 삶의 터전에 대해 말하고 있다. 요나스는 인간의 성격을 규정하는 호모 파베르(homo faber:도구를 제작하는 인간)를 본래 인간 외부의 대상들과 관계에서 성립된다고 말한다. 그래서 호모 파베르는 기술의 역동성, 테크놀로지의 점증적 창조를 전제한다. 호모 파베르에 의한 기술의 발전은 인간 이외의 대상들을 인간의 의지에 따라 지배함을 뜻한다. 어떤 대상에 대한 호모 파베르의 승리는 동시에 호모 사피엔스

(homo sapens)의 내적 심신 상태에서의 호모 파베르의 승리를 의미한다. 한때 호모 파베르는 호모 사피엔스에 봉사하는 부분으로 존재했다. 이런 점에서 호모 파베르는 전통적인 호모 사피엔스에 대한 새로운 관계설정을 요구한다. 따라서 요나스는 칸트의 전통 윤리학을 다음과 같이 새로운 윤리학으로 대체해야 한다고 말한다.

> 칸트는 "너는 해야 하기 때문에 할 수 있다"고 말했다. 하지만 오늘날 우리는 반드시 다음과 같이 말해야 한다. "네가 행하기 때문에 너는 해야 한다." 즉 너의 과도한 능력이 이미 작동되고 있기 때문이다.

이와같이 요나스는 칸트의 인간중심주의의 윤리학과는 다르게 새로운 책임윤리학을 요청했다. 즉 지금 우리가 처한 상황이 윤리적으로 새로운 능력으로 작동해야 할 필요에 의해서다. 이런 점에서 요나스의 새로운 명법은 인류 전체의 정치적 차원에서의 책임을 강조한다. 도덕적 의무를 강조하는 칸트의 도덕법에서는 행위의 현실적 결과가 고려되지 않은 자기규정(자율)의 주관적 성질에 대한 원칙인 사실인 반면에, 요나스는 자신의 행위 효과가 인간의 미래의 존속에 일치할 것을 요구하는 객관적 책임의 원칙인 동시에 다음세대에 대한 의무를 강조한다. 다시 말해 요나스가 재공식화 한 것은 필연적으로 총체적이고 정치적이다. 그것은 정치가들에게 초점이 맞추어져 있고, 도덕적 행위자들이 자연의 운명과 미래의 운명을 받아들일 수 있는 공공정책의 문제들에 대해 관심을 가질 것을 요구한다. 여기서 우리는 요나스의 책임윤리에서 혁신과 새로운 윤리학을 요청하고 있음을 발견하게 된다. 요나스의 새로운 책임윤리는 인간을 그 자체로 가치 있는 목적으로 다루도록 하는 정언명법의 재공식화를 구체화하는 형식에서는 칸트적인 반면에, 동료들에 대한 책임, 즉 도덕적 행위자의 지속된 생존이 의존하고 있는 자연의 원리에 대한 책임은 내용적으로 아리스토텔레스적이다. 즉 자연의 모든 유기체는 어떤 목적을 자기 자신 안에 지니고 있다고 하는 아리스토텔레스의 내재적 목적론을 뒤따른다. 모든 유기체의 존재에서 생명은 그 자체가 가장 중요한 관건이며 목적이다.

우리는 우리 자신 안에서 자연을 발견하며, 자연 역시 우리와 닮은 모습을 지니고 있다. 살아있다는 점에서 자연과 인간은 동일하다. 요나스는 아리스토텔레스에게서 칸트에 이르는 고전 윤리학의 유형들은 인류의 현재적 삶과 관련된 행위에 타당한 보편화의 원리를 요청한다. 따라서 요나스는 고전윤리학이 오늘날 반드시 요구되고 있는 미래의 책임을 제대로 수행하지 못했다고 비판한다.

chapter 06

프란시스 베이컨: 아는 것이 힘이다

6-1. 자연을 정복하라
6-2. 신아틀란티스에서의 유토피아 건설

chapter 06

프란시스 베이컨: 아는 것이 힘이다

6-1. 자연을 정복하라

요나스는 제5장 「오늘날의 책임: 위협받는 미래와 진보사상」에서 프란시스 베이컨(Francis Bacon, 1561~1626)으로부터 과학기술시대의 원동력에서 찾는다. 즉 요나스는 과학기술시대의 출발점을 베이컨의 과학주의와 유토피아주의의 결합에서 그 근거를 추적한다. 요나스는 베이컨의 유토피아가 자본주의와 결합하면서 그 합리성을 잃어버렸다고 주장한다. 따라서 요나스는 과학기술주의가 유토피아주의를 함의하고 있다는 것이다.

요나스는 역사적으로 두 가지 형태의 실제적, 규정적 유토피아가 있다고 보았다. 하나는 자연에 대한 권력의 증대를 의미하는 베이컨 방식의 유토피아가 있고, 다른 하나는 무계급 사회의 마르크스적 유토피아가 있다. 여기서 후자는 전자를 이미 전제하고 있다. 요나스에 따르면, 자연지배라는 소박한 베이컨 방식의 유토피아를 사회변혁의 유토피아와 결합되었다. 요나스에 따르면, 현대과학기술은 16-17세기의 갈릴레오를 비롯한 과학혁명 이전의 고전적 기술과는 본질적으로 다르다는 것이다. 기술 권력은 자연을 인식대상으로 설정하면서 인간행위의 규범적 체제로부터 분리되면서 도덕감과 상관없게 되었다. 기술권력은 인간행위의 성격을 변화시켰다는 점에서 전통윤리학의 한계를 발견하게 된다. 그리고 지금껏 전통윤리학이 불변의 규범적 토대로 설정하였던 자연과 현대의 기술행위의 대상으로 전락한 자연 사이에는 어떠한 차이가 존재하는지 문제를 제기한다.

인간은 점차 기술권력의 통제력을 상실하게 되면서 점점 위기에 빠지게 되었다. 그래서 요나스는 지식을 자연의 통제와 연결시켰던 베이컨의 유토피아 사상을 기술 속에서 나타나는 '제3의 권력'이라고 부른다. 또한 유토피아 사상은 그 결과를 예견할 수도 통제할 수도 없다. 요나스는, 현재의 우리들은 베이컨의 지식으로부터 이끌어 낸 권력의 심각한 상황을 예상하지 못했다는 것이다. 실제로 지식의 권력은 자연에 대한 어떤 종류의 지배, 즉 자연을 집중적으로 이용하여 남용하는 결과를 가져왔다. 그러나 동시에 자연은 인간이 만들어 낸 기술의 권력으로 인해 복종을 하게 되었다. 인간은 권력을 행사하게 되면서 미래의 희망은 위협으로 바뀌었고, 해방의 전망은 요한 계시록적인 재앙으로 바뀌었다. 이러한 관점에서 베이컨은, 인간은 자연에 순응함으로써 자연을 지배할 수 있다고 말한다. 근대의 자연과학은 자연의 불변성과 불가침성을 인간의 이성에 의해 인식될 수 있는 법칙성으로 파악한다. 그리고 근대의 자연과학은 인간의 무한한 착취의 가능성을 점점 가중시켰다.

20세기 이후 자본주의 사회가 빠르게 진행되면서 인간의 궁극적 목적은 물질적 행복을 이루는 것, 즉 지상에서의 유토피아 사회를 건설하는 것이다. 베이컨은 이러한 유토피아 사회를 건설하는 것을 지상목표로 삼았다. 베이컨의 "아는 것이 힘이다"라는 표현은 인간의 행복을 이성의 진보된 사유로 보는 견해다. 세심한 관찰과 주의 깊은 실험들, 그리고 거기서 얻어낸 지식들, 바로 이러한 지식이 불행을 막아주고 행복한 삶을 가져다주는 것이라고 베이컨은 말한다. 그러한 지식의 힘은 지상에서의 희망에 찬 유토피아 정신과 인간을 중심으로 한 "자연정복전략"의 계획을 그 기본으로 품고 있다. 우리가 어떤 일을 이루고자 한다면, 상식적으로 학식을 갖추어야 한다. 유럽의 문화가 근대적 세계관인 기술주의를 받아들이기까지는 150년이라는 긴 세월이 요구되었다. 많은 기간을 지나오면서 사람들이 얻게 된 것은 지식이 힘이라는 생각, 인간은 진보할 수 있다는 희망, 가난이 커다란 악이라는 인식, 보통사람들의 삶도 어느 누구 못지않게 큰 의미를 가진다는 깨달음이었다.

"사물의 원인을 알아내고 모든 공포와 냉혹한 운명과 탐욕의 지옥의 소란한 투쟁을 유린하는 자는 행복하구나!"

먼저 베이컨에 의하면, 인간은 자연을 정복하여 모든 세상을 지배하고자 하는 견해를 갖고 있다. 비록 우리의 무지(無知)때문에 인간은 자연의 노예가 되고 있지만, 곧 자연의 지배자가 될 것이다. 베이컨이"아는 것이 힘이다"라고 말했을 때, 이는 자연을 종교적으로 신성화하던 중세의 마술적인 사유에서 벗어나서 대상을 자연과학적인 인식의 틀로 바라보는 인간의 힘을 의미하는 것이었다. 베이컨의 입장에서 지식은 자연에 대한 지식을 말하는 것이었고, 그러한 지식이 인간사회의 유용성을 위해 자연의 지배를 목적으로 하는 것이었다. 그러나 인간을 자연에 예속화시키려는 바로 그러한 시도가 자연의 정복으로 나타났다.

하지만 우리는 자연을 알기 위하여 먼저 자연에 복종해야 한다. 이것은 베이컨이 우리에게 남겨 준 이제까지의 교훈이었다. 베이컨의 구호는 "자연 속에 어떠한 비밀도 남겨놓지 말라. 자연의 비밀을 하나하나를 모두 확인하고 그리스도의 구원을 이루자. 즉 이것은 "아는 것이 힘이다"라는 명제였다. 이렇게 그는 자연에 대한 인간의 지배권을 확보하고자 하는 원대한 계획을 세웠다.

6-2. 신아틀란티스에서의 유토피아 건설

요나스에 따르면, 현대의 위험은 자연과학적 · 기술적 산업 문명의 비대화에서 비롯되었다. 요나스는 베이컨의 유토피아라 부르는 것, 즉 지식을 자연의 지배에 목적을 설정하고 자연을 지배하여 인간의 운명을 향상시키기 위해 자본주의를 극대화하고자 하였으나, 합리성과 정당성을 얻지 못했다고 비판한다. 그 이유는 베이컨의 유토피아적인 기획이 합리성과 정당성의 조화를 가능하게 할 수도 있지만, 이는 필연적으로 생산과 소비의 무한(無限)화를 가져올 수 있기 때문이다. 따라서 그러한 성공의 정도는 예측 불가능하며 모든 사회를 무한경쟁의 사회로 치달을 수 있다.

이른바 베이컨은 자신의 마지막 저서인 『신아틀란티스(Neu-Atlantis)』(1624)에서 유토피아의 계시를 받은 사람들이 자신의 꿈을 펼치면서 자연에 대해 탐구하는 학문의 이상적인 조직화를 "살로몬의 집(Haus Salomon)"으로 표현한다. 베이컨은 콜럼버스가 새 대륙을 발견하는 길을 열었듯이, 과학자들이 실험을 통한 새로운 지식의 가능성의 길을 열겠다고 공공연히 말했다. 지혜로운 이스라엘 왕의 이름을 딴 "솔로몬의 집"은 과학자들의 시설과 재정에 지원을 받아 인류의 복지에 이바지하도록 기획한 곳을 뜻한다.

> "약 1천 9백 년 전에 어떤 임금님이 이 섬을 다스렸다. 먼저 우리는 이분에 대한 기억을 소중하게 여긴다. 그분의 이름은 솔로몬이고 우리는 이 분을 입법자로서 존경하고 있다. 이 분은 관대하셨고 나라와 국민의 행복만을 생각하셨다."

그의 유토피아(utopia)의 국가인 "신아틀란티스"에서 "살로몬의 집"은 정치조직에 버금가는 중요한 의미를 지니고 있다. 베이컨이 말하는 "살로몬의 집"은 과학기술의 사회화를 통해 인류의 현 상태를 훨씬 더 개선할 수 있다는 신념이 깃들여져 있다. 아틀란티스 섬에 세워진 "살로몬의 집"에는 다양한 과학의 분야가 체계적으로 조직되어 있다. 이러한 "살로몬의 집"에서 베이컨은 정치자의 지배에서 벗어나서 개별적인 과학자가 자유롭게 공공의 복지를 위해 연구하는 새로운 모델을 전개했다.

"살로몬의 집"은 과학자들의 학문분야가 아니라 사회적인 유용성에 따라 기후실험실 · 양봉실험실 · 과학실험실 등 그 영역에 맞게 설치된 많은 실험 연구실을 갖고 있다. 예를 들어 이 집은 지진이나 홍수 · 가뭄 등 기상이변을 예언하고 식물의 성장과 촉진, 동물의 성장변화, 잡종의 생산, 새로운 예술의 금속품, 공중위생 등에 기여한다. 유토피아적 환상의 섬인 아틀란티스에서 세워진 "살로몬의 집"은 과학과 기술의 진보를 통해서 인간의 자연에 대한 지배를 확충하기 위해 베이컨의 낙원에 대한 보편적인 믿음과 목적을 잘 대변하고 있다. 즉 "원인을 알지 못하면 그 작용과 결과를 제대로 알 수 없기 때문에 인간이 무엇을 안다는 것과 무엇을 할 수 있다는 것은 동일한 의미를 지닌다. 인간이 자연을 복종시킬 수 있을 때, 비로소 인간은 자연을 지배할 수 있다." 인간에 의해 부여한 자연과학의 인식의 틀에 따라 해석된 자연법칙은 바로 인간이 자연을 지배할 수 있다는 힘의 우월성을 뜻하는 것이었다. 이러한 관점에서 베이컨은 확실히 과학과 기술의 사회관계와 자연법칙의 인과관계를 진보시킬 수 있다는 희망을 품고 있었다. 베이컨의 새로운 과학에 대한 프로그램은 과학을 사회화하고 과학의 유용성이라는 관점에서 수행되었지만, 그의 이런 기대만큼 충분히 충족시키지는 못하였다.

베이컨은 과학이 지닌 지식의 힘을 인간들이 자연을 지배하는데 이용할 수 있는 가장 손쉬운 수단 내지 도구로 생각한다. 이러한 과학은 인간과 자연을 조절할 수 있는 열쇠라는 것이다. 단적으로 말해서 베이컨에게서 과학의 진정한 목표는 다양한 발견과 발명을 통해 인간의 삶 자체를 풍요롭고 윤택하게 하자는 데 있었다. 우리가 실제로 자연 위에 군림하려는 베이컨의 "유토피아의 설계"가 지구적인 차원에서 실현된 오늘날에도 인간의 자연에 대한 정복은 인간의 힘에 의해 진행되어 왔다. 그것은 인간의 자연 지배였다는 점이다.

사람들이 자연 속에서 무엇인가 배우기를 원한다면, 어떻게 자연을 이용할 수 있는가를 밝혀야 한다. 베이컨의 "유토피아의 설계"는 자연에 대한 힘으로서의 지식과 물질적 풍요를 향상시키려고 이용을 하면서 자연에 대한 인간지배의 성공하는지의 여부에만 관심을 집중시켰다. 다시 말해 "베이컨의 설계" 하려고 했던 태도, 즉 "지식의 목표를 자연을 지배하려는 것에 두고 자연의 지배를 통해 인간의 운명을 바꾸고자 하는 태도다. 결국 베이컨의 "유토피아의 설계"라는 것은 인간이 자연에 대해 보다 좋은 관계를 얻으려는 것을 의미한다.

베이컨에 의하면, 지금 우리 인간의 "힘은 스스로 막강하게 되었으나, 힘의 달콤한 약속은 위협으로 되었고, 구원의 전망은 계시록적인 어두운 전망으로 탈바꿈했다"는 사실을 주목해야 한다. 베이컨의 "유토피아의 설계" 속에서 드러난 어두운 예언적인 속뜻은 결코 현 상황에 대해 부정적이거나 적대적인 측면만을 부각시키려는 데 있는 것은 아니다. 단지 그 안에서 어쩌면 인류의 많은 위협들이 숨겨져 있는지도 모르기 때문이다. 우리는 이러한 숨겨진 위협에 대한 힘 구조의 예속화를 제대로 인식해야 한다. 현재 지구의 위험은 자연과학과 기술 산업문명의 지나친 비대화가 그 원인을 제공하고 있는 것이다.

지금 전지구상의 생태계의 위기는 많은 사람들의 현실 속에서 실제적으로 불행하고 암울한 사건들을 도처에서 목격하고 있다. 서구의 산업사회는 그들의 경제 질서를 통해서 편향된 성장을 이제껏 강행해 왔기 때문에 사회적 문제 상황들을 도처에서 심각하게 목격하게 되었다는 사실이다. 요나스에 따르면, 베이컨의 "아는 것이 힘이다"라는 구호는 자기가 최고라는 자만심에 빠져 오히려 자기가 부족하다는 것과 스스로 잘못되었음을 동시에 인정해 버렸다. 베이컨의 이러한 구호는 생태 위기라는 관점에서 볼 때, 이제 인간은 자기 자신을 통제할 수 있는 힘을 잃어버렸으며, 자연을 인간으로부터 보호할 수 있는 능력도 잃어 버렸음을 의미한다. 자연과 인간을 보호해야 한다는 우리의 생각은 바로 과학기술이 빠른 속도로 진보하는 과정에 점차 커지게 되었다. 베이컨의 힘에 대한 논리는 결국 과학기술 앞에서 인간을 무기력하게 만들었고 비인간적이고 반생명적인 문화를 만들었다. 따라서 요나스의 관점에서 기술이라는 권력은 자연을 단지 바라보는 대상으로 설정하였다. 인간은 결국 기술의 권력을 잘 조절하지 못하게 되면서 총체적인 위험에 빠지게 되었다.

요나스는 베이컨의 자연의 정복과 유토피아적 이상(理想)이 자본주의와 결합하면서 그 의미를 상당부분 상실했다고 진단한다. 요나스는 자연의 법칙에 순응함으로써 자연을 지배해야 한다는 베이컨의 명제에서 비판을 가한다. 한편으로 베이컨은 자연법칙의 지식을 결합하고 있으며, 다른 한편으로는 자연에 대한 권력이 기술행위를 통해 구조적으로 연관시키고 있다고 보았다.

베이컨은 자연으로부터 신을 추방하고 오로지 자연을 지배하기 위한 방법론적인 탐색에 열중했다. 자연에 대한 지배를 얻어내고 인간의 삶을 완성하기 위해서 자연을 얻고자 하는 것이 베이컨의 열망이었다. 또한 기계적인 기술이 진보와 함께 지속적인 완성을 지향하는 능력을 과거와 현재에도 계속해서 증명하고자 하는 것이 그의 신념이었다. 이러한 삶에 유용한 모든 기술이 인간 활동의 원동력이 되었다. 우리는 베이컨의 모든 관념들과 이와 유사한 다른 관념들 속에서 언제나 육체적인 몸을 갖고 하는 작업과 지적인 작업 사이의 분리와 대립, 또는 적어도 '힘을 위한 지식'을 발견할 수 있다. 힘을 의미하는 지식은 인간을 노예화하거나 지배자들에게 순종하는데 있어서 어떠한 한계를 잘 모른다. 베이컨에게서 지식이 간직하고 있는 많은 사례들은 단순한 도구에 불과하다.

인간이 자연으로부터 배우고 싶어 하는 것은 자연을 완전히 지배하기 위해 자연을 이용하는 방법이다. 오직 그것만이 유일한 목적이다. 베이컨은 「학문의 진보」 및 『신기관』(新機關)에서 '자연의 경이에서 기술의 경이'로 진행하는 진보의 선행조건을 다음과 같이 말한다.

> "인간은 자연에 봉사하는 것, 자연을 해명하는 것으로서, 자연의 질서에 관해 실제로 관찰하고 정신에 의해 고찰한 것만을 행하고 이해하는 것이다. 그 안의 것은 모르며, 또한 행할 수도 없다. 인간이 할 수 있는 일은 자연물을 결부시키고 분리해 내는 것뿐이며, 그 밖의 일은 자연이 그 내부에서 진행시키는 것이다."

여기서 자연에 대한 인간의 지배는 인간이 자연을 향해 어떤 것을 실행할 때 가능한 것이 아니라 인간이 무엇인가 자연에 관해 바라는 것을 정확한 지식을 통해 얻을 수 있다는 생각이다. 중요한 사실은 베이컨이 지식을 철학적 이론을 갖고 설명하지 않고 실제적으로 일상생활 속에서 활용 가능한 기술과의 결합을 생각했다는 점이다. 여기서 요나스의 문제의식은 기술권력의 무제한적 확대를 어떻게 제어할 수 있을 것인가를 탐색하는 것에서 출발한다. 요나스에 의하면, 인간과 자연의 관계에서 기술권력은 자연을 인식의 객체로서 설정한다. 여기서 자연은 인간의 규범적 체계로부터 분리되어 탈도덕화 되는 단계이다. 자연에 대한 인과적 지식은 인간의 자연에 대한 권력을 산출한다. 요나스는 베이컨도 예측하지 못한 지식에 의해 산출된 권력에 대해 인간의 통제력으로부터 해방되어 자율화되는 과정이라 파악한다. 인간의 기술권력에 대한 통제력의 상실은 자신에 대한 통제력의 상실을 뜻한다.

베이컨에게 있어서 인간사회의 유용성을 위해 자연을 지배할 목적으로 얻는 지식은 이미 과학기술의 진보를 의미하는 것이었다. 서양의 고·중세시대에 있어서 진보의 사상은 낯선 것이었거나 종교적 구원의 차원에서 행해졌다. 베이컨에게서 과학은 학문의 유용성과 인간사회의 진보를 자신의 신념으로 파악하는 것이었다. 우리는 근대과학의 선구자인 베이컨이 이미 기술에 대한 새로운 견해를 지지했다는 사실을 기억할 필요가 있다. 왜냐하면 베이컨에게 있어서 인간이 지상의 자연뿐만 아니라 천상의 자연과도 경쟁할 수 있음을 보여주었기 때문에 그의 이러한 발견은 곧 새로운 창조요, 신의 작업을 모방하는 것이었다. 베이컨에 의하면, 인간이 사물을 지배하는 것은 전적으로 기술과 과학에 의존하는 것이었다.

그러나 베이컨의 자연지배적인 힘의 논리는 과학기술에 앞에서 인간을 나약하고 무기력하게 만들었다. 요나스는 인간과 자연의 관계를 폭로함으로써 베이컨이후의 근대 계몽주의를 부정한다. 요나스는 자연과학적 기술문명의 절대화로부터 나타나는 위험을 알아차리기 위해 "지식은 곧 힘이다"라는 베이컨의 명제가 함의하고 있는 권력의 변증법을 인식해야 한다고 강조한다. 요나스의 관점에서 베이컨적인 사물의 본성과 인간이 갖고 있는 지식의 결합은 언제나 집에서 아버지와 같은 가부장적인 것이었다. 권력을 의미하는 지식은 오히려 인간을 노예화할 수 있으며 그 지식이 지배자들에게 복종하게 되면서 그 한계를 제대로 알지 못할 수 있다. 베이컨이 간직하고 있는 지식의 많은 사례들은 단순한 도구에 불과하다. 예컨대 라디오는 한 단계씩 승격된 인쇄기이며, 급강하 폭격기는 더 효율적인 대포이며, 무선 조정 장치는 보다 믿을 만한 나침반이다. 인간이 자연으로부터 배우고 싶은 것은 자연과 인간을 완전히 지배하기 위해 자연을 이용하는 방법이다. 오직 그것만이 유일한 목적이다. 자기 자신마저 돌아보지 않는 계몽은, 자신이 갖고 있는 자의식의 마지막 남은 흔적마저 없애 버렸다. 오랜 기간이 경과되면서 지식은 곧 권력이라는 생각과 인간은 진보할 수 있다는 희망, 그리고 가난은 커다란 악이 될 수 있다는 인식을 깨닫게 되었다. 따라서 베이컨의 유토피아 프로그램은 충분히 잘 활용하여 보다 생산적인 이론으로 만들어나가야 한다.

베이컨은 「학문의 존엄과 진보」의 제 2권에서 '자연의 경이에서 기술의 경이'로의 이행을 근거로 하는 보편적인 자연의 역사(natural history)라는 개념을 발견하고, 자연의 역사와 실험사를 진보의 선행조건으로 들고 있다. 베이컨은 인간과 자연에서 실제로 행할 수 있는 것을 분리시켜 말한다. 베이컨은, 인간의 지식은 시나 철학, 신학 등으로 분류하고, 기술은 인간과 자연에 관한 것으로 나누었다. 그는 자연의 모든 사실을 빠뜨리지 않고 수집할 목적을 가지고 있었다. 그런데 여기서 자연에 대한 인간의 지배는 인간이 자연을 향해서 어떤 것을 행할 때 가능한 것이 아니다. 인간이 자연에 대해 얻고자 하는 것은 인간의 지식만으로 목적을 이루지 못할 경우에 가능하다. 여기서 베이컨은 지식에만 의존하지 않고 실제적으로 활용 가능한 기술과의 결합을 생각했다.

베이컨에 의하면, 진리 없는 실용성이란 임의적이고 우연적이며 진보나 발전의 능력이 없다. 단지 그는 실제적인 결과를 추구해온 것은 마술과 연금술의 전형적인 방법들이었다고 주장한다. 여기서 실제적인 결과를 얻으려는 노력이 바로 마술사나 연금술사의 조작들에 의해 지배하는 이론들이라는 것이다. 이러한 베이컨에게서 자연과학적인 자연지배는 정치적인 인식을 처음으로 제기하였다. 그가 아는 것이 힘이라고 말했을 때, 이는 자연을 종교적으로 신성화하던 중세의 마술적인 사유에 벗어나서 대상을 자연과학적인 인식의 틀로 바라보는 인간의 권력을 의미하는 것이었다. 기독교는 3세기 초에 커다란 세력을 세 분야로 나누었다. 기독교 · 철학 · 마술이 그것이다. 기독교와 철학은 마술에 대해 공동전선을 폈고, 서로 마술적 행위에 대해 비난하였다. 특히 철학자들은 마술의 환상과 기독교의 기적을 동일시했는데, 많은 성인들은 마술을 비난함과 동시에 뛰어난 많은 지식들을 제거해 버리고자 했다. 그 당시 지식은 자연에 대한 지식을 말하는 것이었고, 그러한 지식이 인간사회의 유용성을 위해서 자연의 지배를 목적으로 하는 것이었다. 이는 인간이 자연을 정복하는 것으로 되었다. 인간은 자신이 알 수 있는 능력을 통해 처음에는 자연을 체계적으로 철저하게 이해하는 방법을 배웠다. 그리고 그 결과를 갖고 마치 사자의 동굴에 들어가 그 수염을 가지고 놀거나 자기에게는 어떤 해로움도 없이 사자의 꼬리를 흔드는 조련사와 같이 모든 방면에서 자연을 조정하고 이용할 수 있는 방법을 터득하게 되었다.

베이컨에 의하면, 주위의 여러 학파들이 주장하는 자연철학은 우리의 지식을 유용하게 해 주는 것이 아니라 혼동과 불확실성만을 주고 있기 때문에 학문의 발전이 더 이상 없었다. 베이컨은 감각기관과 구체적인 사물에서 발견한 원리들을 이끌어 내어 합리적인 과정과 연속적으로 중단되지 않는 절차를 거쳐서 보편적 공리에 이르게 하는 것이었다. 먼저 특수한 경우에 있어서 비교적 낮은 단계의 공리는 다시 더 높은 중간단계의 공리로 상승하여 마지막에는 가장 보편적인 공리에 도달하는 것이다.

그는 자신의 신과학(新科學)의 모델로서 기계기술에 관한 공동연구는, 르네상스시대에서 연금술의 학문적 전통으로부터 한 발짝 물러난 것이었다. 왜냐하면 그의 신과학은 개인적 연구가 아니라 조직적인 공동연구로 방향을 전향하고자 했으며, 그의 논리학이 새로운 진리탐구를 가능하게 할 것이라는 강한 믿음이 있었기 때문이다. 따라서 그는 과학을 공동연구를 해야 하는 것으로 생각하였으며 연속성 있는 실험도 진보를 확보하기 위한 방법을 마련하는 것이었다. 이러한 베이컨의 공동연구에 대한 생각은 마술과 연금술로 나아갔으며 실제적으로 적용할 기술을 객관적인 토대에 기반을 두고 인류의 복지를 위해 힘썼다. 먼저 베이컨은 과학의 타락상에 대해 폐단을 지적하고, 우리에게 잘 알려져 있는 네 개의 우상을 타파해야 한다고 주장했다. 베이컨의 네 개의 우상(idol)은 종족(tribe), 동굴(cave), 시장(market place), 극장(theatre)의 우상들이 그것이다.

첫째, 종족의 우상은 한 집단이 무리를 지어 갖는 편견이다. 예컨대 한 민족이 다른 민족에 갖는 편견이나 또한 한 지방 사람들이 타 지방 사람에게 갖는 잘못된 생각이 여기에 속한다. 여기서 요나스는 베이컨의 종족의 우상을 물질로부터 추방한 목적인을 다시 복권시켜야 한다고 말한다.

둘째, 동굴의 우상은 개개인이 갖고 있는 선입견으로서, 성장과정, 교육, 습관 등에 많은 영향을 받는다. 예컨대 빨간색을 좋아하는 사람은 성격이 정열적이라든지 외아들은 버릇이 없다든지 하는 편견 등이다. 베이컨은 연금술과 마술은 주관과 선입견에 사로잡혀 있기 때문에 동굴의 우상에 속한다고 보았다.

셋째, 시장의 우상은 대중을 뜻하는 것으로 많은 사람들이 말하는 것을 비판 없이 따라 움직이는 것이다. 남의 말에 현혹되어서 자신의 행동을 결정하는 것은 결국 자신의 나약함을 나타내는 편견이다. 지나치게 유행에 민감하거나 과대광고를 사실로 받아들이는 것도 하나의 예가 된다.

넷째, 극장의 우상은 권위에 대한 맹목적인 신뢰에서 나오는 편견이다. 전통이나 어려운 학설과 지식을 나열한 많은 이론들에 눌려서 자신의 생각과 주장을 내세우지 못하는 경우이다. 예컨대 "어떤 유명한 사람이 한 말인데"라든지, "전통적으로 그래 왔다"는 말에 현혹되는 경우이다. 특히 종교적인 미신이 여기에 속한다.

그는 이와 같은 우상의 폐단에 대한 개선책을 제시한 새로운 귀납적 방법(inductive methode)을 제시했다. 귀납적 방법은 많은 경험적 데이터를 분류하고 정리한 이후부터 참다운 지식을 얻어내는 것이다. 어떤 문제에 대한 지식을 얻기 위해서는 그와 관련된 무수히 많은 경험적 사실들을 수집하고 분류하며 그것을 순서에 맞추어 정리해서 그것들로부터 먼저 정리(定理)를 한 이후에 가장 일반적인 정리들을 얻고자 하는 것이다. 그러나 여기서 취사선택의 방법은 중요하게 작용한다. 귀납적 방법의 결과들은 자연의 역사(natural history)나 실험사(experimental history)와 같은 것들이다. 예를 들어 열, 빛, 전기 등 여러 현상에 대해 경험적 사실들을 수집, 정리해서 얻어내게 될 참다운 경험적 지식들이 그것이다. 그래서 베이컨의 귀납적 방법들은 직관과 관찰을 통해 직접 경험에서 얻어 온 것이지만, 책이나 학자들의 권위에 반대하는 것이었다. 간단히 말해 베이컨의 방법은 전통에 반대하고 개인적 경험을 추켜세우는 데 있었다.

17세기 과학자들은 확실한 지식의 형식과 본질을 상호간의 관계 속에서 작용하는 법칙을 찾아냈다. 그런데 베이컨은 중세적인 형식을 추구하였는데, 이러한 형식은 사물의 정의, 곧 본질을 추구하는 것이었으며, 보다 확실한 지식을 찾는 방법이었다. 이러한 태도는 17세기 과학 즉, 경험적 방법과는 다소 다르다는 견해다. 베이컨은 근대적이기 보다는 오히려 중세적이었으며, 베이컨의 형식은 일반화의 법칙이었지 과학적 법칙은 아니었다. 더욱이 베이컨의 과학은 주어진 사물에 대해 새로운 성질들을 불러일으키게 하는 연금술이었지, 새로운 방법에 의한 것은 아니었다. 다시 말해 베이컨의 과학이론과 가설에서 추출된 결과를 체계적으로 검증하고자 했던 방법은, 실험이라는 근대적 개념까지는 도달하지 못했다. 따라서 베이컨의 방법이란, 일반적으로 생각하는 그렇게 철저한 경험적인 방법도 아니었고, 그렇다고 중세적인 방법도 아니었다. 베이컨의 귀납적 방법이란 경험적인 것이 아니라, 다분히 합리적인 측면이 있었다. 베이컨은 "귀납적 방법을 통해 사실에서 주워 모으는 개인적 방법이었다. 즉 먼저 자기가 빼내온 실을 가지고 그물을 쳐 놓고 먹이가 걸리기를 기다리는 거미의 방법이 아니라 화밀(花蜜)을 수집하되 그것을 자기 몸속의 봉밀(蜂蜜)로 바꾸어 추출해 내는 방법"이었다.

이런 관점에서 우리는 근대과학의 선구자인 베이컨이 기술에 대한 새로운 견해를 지지했다는 사실을 기억하는 것은 중요하다. 베이컨은 인간이 지상의 자연뿐만 아니라 천상의 자연과도 경쟁할 수 있음을 보여주기 위해 발견은 곧 새로운 창조요, 신의 작업을 모방하는 것이라 말한다. 그에 의하면, 인간이 자연의 사물을 지배하고자 하는 의도는 전적으로 기술과 과학에 의존해 있다. 따라서 베이컨은 자연의 힘과 물체들은 단지 인간의 계획에 따라 좌지우지할 수 있다고 주장한다. 그는 이러한 인간의 설계를 성취하기 위하여 자연을 이용해야 한다고 보았다. 따라서 베이컨에게 있어서 인간이 자연을 지배하거나 인간이 자연에 복종해야 한다는 이중적 생각을 지니고 있었다. 그 이유는 인간이 자연에 복종하지 않고서는 자연을 제대로 다스릴 수 없기 때문이다. 그러나 자연에 대한 인간의 간섭이 성공적이기 위해서 인간이 자연의 근본법칙과 일치해야 한다. 특히 인간의 지식과 인간의 능력은 실제로 하나로 만나게 된다. 그리고 기술의 조작이 실패하는 이유는 그 원인들에 대해 제대로 알고 있지 못하기 때문이다. 베이컨의 열망은 자연의 지배를 얻어내고 인간의 유용성을 위해 자연을 이용하고자 했다. 그래서 그는 기술의 진보를 통해 과거와 현재에도 계속해서 이성의 믿음을 증명하고자 하는 것이 그의 신념이었다.

따라서 앞에서 살펴본 것처럼, 요나스는 베이컨이 언급했던 인간과 자연의 관계는 자연이 인식의 객체로 설정되어 인간의 규범적 체계로부터 분리하여 탈도덕화되는 단계로 전개되어야 한다고 강조한다. 지식에 의해 산출된 권력은 인간의 통제력으로부터 해방되어 자율화되는 단계이다. 이는 베이컨도 전혀 예측하지 못한 사실이라고 요나스는 강조한다. 요나스의 생태학적 미래의 윤리학은 스스로 산출한 기술권력에 의해 상실되어 버린 인간의 고유한 자주권을 회복하는 것이다. 이러한 관점에서 요나스는, 새로운 종류의 권력은 새로운 형태의 윤리를 요청한다고 말한다. 따라서 요나스는 새로운 미래의 윤리를 근본적으로 권력에 대한 정신적 대결로 이해하고자 하였다.

chapter 07

마르크스주의: 프로메테우스의 전달자

7-1. 마르크스의 유토피아주의

7-2. 마르크스의 자연관

chapter 07

마르크스주의: 프로메테우스의 전달자

요나스에 의하면, 마르크스주의는 베이컨적인 자연 지배 사상을 사회개혁의 원리와 통합하여 계급 없는 유토피아적 사회를 목표로 추구해 왔으며, 이러한 측면에서 자본주의보다 더 효과적인 집행자라고 자처해 왔다는 것이다. 요나스는 사회주의에서 베이컨의 진보주의를 보다 효과적으로 실천할 수 있는 근거를 중앙 집권적 권력, 즉 독재정치의 가능성에서 찾고 있었다.

마르크스(Karl Heinrich Marx, 1818~1883)는 독일의 라인강의 한 지류인 모젤 강변의 트리어(Trier)라는 중세풍의 조그만 도시에서 부유한 변호사의 아들로 태어났지만, 그처럼 일생을 가난한자, 노동자를 위해 헌신하고 그에 대한 연구에 일생을 바친 사람도 별로 많지 않다. 그가 추구한 자연관은 단적으로 노동자들을 위한 불합리하고 부조리한 사회현실을 변화시키는 것이었다. 그는 지금보다 조금 나아지고 보다 합리적이고 추함이 전혀 없는 세계, 낡은 쪼가리로 이리저리 붙어있는 지저분하고 다 떨어진 낡은 의복이 아니라 완전한 새 옷, 참으로 인간의 행복을 꿈꾸는 사회를 다음과 같이 계획한다.

> "사회 구성원 어느 누구도 우리에게 행복을 가져다주지 못하고 갈등만을 일으키는 물질적 풍요란 무슨 소용이 있을까? 부유한 자와 가난한 자의 대립과 갈등을 없애고 모두가 다 잘 살 수 있는 방법은 없을까?"

이것은 마르크스가 고민한 그 시대의 과제였다. 20세기의 1990년을 기점으로 독일의 통일과 소련의 붕괴이후로 사회주의가 거의 몰락이 길을 걷고 있지만, 아직도 그의 사상은 자본주의건 사회주의이건 간에 우리 사회전반에 걸쳐 많은 영향을 끼쳤다. 그래서 마르크스의 많은 업적들은 장구한 사회사상사 속에서도 그에 필적할 만한 대상(對象)을 찾기란 그리 쉽지 않다. 사람들은 심지어 청년 마르크스를 일컬어 인간을 추위와 어둠으로부터 해방시키기 위해 신에게 불을 훔쳐오고, 예술과 과학을 인간에게 건네준 것으로 알려진 불의 신 프로메테우스(Prometheus)와 비교하기도 한다. 프로메테우스는 인간의 창조적 재능, 진보와 자유, 그리고 행복을 추구하는 지칠 줄 모르는 충동의 상징이었다. 마르크스는 자신의 박사학위 논문인 『데모크리토스와 에피쿠로스 자연철학의 차이』(1841)에서 악화된 시민들의 지위에 대해 프로메테우스가 신들의 심부름꾼인 헤르메스에게 답했던 것처럼 다음과 같이 인용하고 있다.

> "당신에게 강제되어 있는 나의 불행한 상황을
> 바꾸지 않겠다.
> 분명히 들어라! 결코 바꾸지 않겠다.
> 아버지 제우스의 충실한 사환이 되느니
> 차라리 이 바위에서 살리라"

마르크스는 어린 시절부터 사회를 위해 일하겠다는 의지를 여러 메모에서 밝히고 있다. 한 실례로 "만일 한 인간이 자신의 삶 속에서 인류의 가장 훌륭하게 봉사할 수 있는 위치를 선택한다면, 그는 자신의 행복이 다수에 속하기 때문에 결코 사소하고 한정적인 자기 본위의 기쁨에 젖어들지는 않을 것이다"라고 말하고 있다.

마르크스는 단지 일상적인 개인의 기쁨이나 안락함 같은 것에서 찾지 않았고 사회개혁자나 혁명가가 그러하듯이, 사회문제의 경과가 어떻게 진행되는지에 따라 행복을 찾았다. 그래서 그는 인간의 본질은 "사회적 관계의 총체"라고 말한다. 마르크스의 대표적인 잠언 중의 하나는 "인간의 의식이 그들의 존재를 결정하는 것이 아니라 사회적 존재가 그들의 의식을 결정한다"는 것이다. 이것은 많은 사람들이 흔히 애기하듯이, 사유의 패러다임을 변화시켜야 한다는 것과 일맥상통한다.

7-1. 마르크스의 유토피아주의

기술권력은 또 하나의 유토피아를 추구한다. 유토피아란 인간의 삶이 “어느 곳에도 없다”는 현실 비판적 의미와 ”잘 실현된 장소"는 가능하다는 규범적 뜻을 갖고 있다. 요나스에 의하면, 마르크스의 유토피아주의는 공산주의가 역사의 결과로서 도래하게 될 유피토아로서 설정하고 동시에 유토피아를 인간의 역사적 행위를 통해 실현될 수 있다는 진보의 이데올로기이다. 요나스는 마르크스주의가 그 심연에 가장 고상한 유혹 때문에 유토피아를 목표로 삼고 있다고 비판한다.

요나스에 따르면, 사회주의 제도 하에서는 시민들이 일하기를 기피하는 것에 대해서도 별다른 저항 없이 실행할 수 있다는 점에서 민주주의제도에서 동의를 구하기 어려운 안건들도 결정을 내릴 수 있는 장점을 지니고 있다는 데에 동의한다. 또한 동시에 사회주의체제하에서도 순수한 도덕주의로서 사회전체를 통제할 수 있으며 자본주의 체제에서보다도 검약의 정신을 강조한다는 점이다. 하지만 요나스는 이러한 장점에는 커다란 위험이 내재하고 있다고 비판한다. 요나스는 사회주의에서 유토피아주의의 이상을 실현하려는 열정, 즉 희망의 원리라는 가면을 쓴 ‘공포의 원칙’에 의해 무의미하게 되고 궁극적으로는 마르크스주의도 과학기술에 대한 낙관적인 믿음만을 갖고 자연과 인간을 이상 실현의 수단으로 이용하게 된다고 비판을 가한다. 그러면 요나스의 마르크스주의를 비판하기에 앞서서 마르크스의 유토피아주의를 살펴볼 필요가 있다.

마르크스는 사회를 지배하는 법칙을 발견함으로써 노동계급에게 사회적 압제를 떨쳐버리고 삶의 존엄성, 즉 인류 복지와 각 개인의 육체적, 정신적 재능의 자유롭고도 전면적인 발전을 위한 필요조건을 창출해 낼 수 있도록 그 진정한 길을 제시해 준 최초의 사상가로 기억한다. 산업혁명을 통한 생산력의 급속한 성장은 인간에 의한 인간의 착취를 종식시키고자 했다. 무엇보다 산업혁명은 노동을 해방시켜야 한다는 거대한 역사적 과업을 수행해 나갈 수 있는 현실적 기반을 마련하였다. 이러한 점에서 마르크스의 유토피아는 노동의 인간학이나 생산의 유물론에서 찾을 수 있다.

마르크스는 노동이야말로 인간이라는 종(種)을 특징짓는 중요한 요소라고 보았다. 다른 생물들은 자연 법칙에 순응하는데 반해, 인간은 그것을 자신의 필요에 맞게 자유자재로 이용한다. 다른 생물들이 자연을 그대로 받아들인다면, 인간은 그것에 일방적이기도 하고 상호작용한다. 대체로 인간은 능동적으로 활동한다. 마르크스는 노동을 자연의 변형이라고 보았으며 이 부분은 이후 인간 중심주의라는 비판과 반환경주의라는 비판을 받게 된다. 다른 생물들과 인간을 구분질 수 있는 가장 중요한 요소가 바로 노동이다. 인간은 자신의 존재 유지를 노동을 통해 이루게 된다. 노동은 두 가지 요소를 필요로 한다. 노동의 대상, 즉 자연과 노동의 도구로 구성된다. 예컨대 내가 사냥이라는 노동을 한다면, 노동의 대상으로서의 사슴이 있고, 노동의 도구로서의 활이 있는 셈이다. 물론 여기에는 인간의 사냥 행위, 즉 노동력이라는 요소가 들어가야 한다. 그런데 이는 그대로 머물러 정체되어있는 것이 아니라 계속해서 발전한다. 사냥 도구는 점점 정교해지고, 변화하게 된다. 처음에는 손으로, 다음에는 돌로, 도끼로, 활로, 총으로 사냥을 하게 되는 것과 마찬가지다.

이처럼 생산도구가 더 많은 생산물을 얻게 될 때, 우리는 그것을 생산력이 증대되었다고 말한다. 노동은 결코 자연이라는 대상과 나와의 관계만을 표현하지 않는다는 점이다. 마르크스의 사회적 노동과 유적(類的) 역사의 개념, 역사 유물론은 그가 일생을 두고 몰두한 작업이다. 마르크스에게서 노동은 인간의 본질이다. 인간의 본질적 활동은 노동에 의해 정의 내린다. 그의 노동은 단지 개인적인 차원에서의 노동이 아니라 보다 넓은 의미의 사회적 노동을 의미한다. 왜냐하면 사회적 노동은 숙련도나 노동의 강도에 있어서 사회적으로 평균적인 노동을 뜻하기 때문이다. 마르크스가 말하는 사회적 노동은 예컨대 예

뿐 질그릇을 만들기 위해 많은 노력과 시간을 들이는 도예가의 노동이 아니라, 소·도매시장에 내다 팔기 위해 질그릇을 만드는 도자기 공(工)의 사회적 노동을 가리키는 것이다. 마르크스는 초기 사상에 나타난 『경제학 ·철학수고』(1844), 『독일 이데올로기』(1846) 등의 저서에서 휴머니즘적 요소를 마르크스 사상 전체의 핵심으로 파악하고 있다. 노동의 인간학을 통한 소외론은 그의 사상의 주요한 특징이라 말할 수 있다. 마르크스는 『경제학·철학수고』에서 노동의 소외, 자연으로부터의 소외, 인간의 소외를 다루고 있다. 이것은 독자적인 형태의 소외가 아니라 어디까지나 활동의 중심항, 즉 노동소외라는 규정 노동의 인간학으로부터 도출하고 있다는 점이다.

마르크스는 명시적으로 노동의 소외가 노동활동, 인간 유의 본질을 실현시키는 실천이자 중심범주로 생각하였다. 따라서 그는 노동의 소외야말로 그 밖의 다른 사회적·인간적 소외를 발생시키는 원인으로 고정시킨다고 보았다. 마르크스에게서 인간의 본질은 정신이 아닌 노동에 있기 때문에 노동을 통해 인간은 자아를 실현하는 것이라 생각하였다. 그런데 마르크스는 이 사회가 노동으로 인해서 오히려 인간을 비인간화 내지 소외화 시키고 있다는 것을 깨달았다. 예를 들어 내 땅에서 열심히 벼농사를 지은 농부는 자기가 노동으로 키운 벼 작물을 통해서 자부심과 삶의 충만함을 느낀다. 그러나 노예는 그 사정이 다를 수도 있다. 노예는 주인이 시키는 것만 일하거나 죽지 않기 위해서 일할 뿐이기 때문에 노동은 고통만을 낳았다. 자본주의 사회가 진행되면서 사람들을 노동이 노예와 다름없는 상황으로 만들어 버렸다. 자신이 생산한 물건은 대부분 자기 자신의 능력으로 구매하거나 소유할 수도 없다. 단지 노동은 최소한의 생계를 유지하기 위해 치러야 할 고통일 뿐이라는 점이다. 그래서 그는 자본주의 사회 아래서는 고통이 증가되기 때문이 자본주의가 파괴되어야 한다고 믿었다. 따라서 그는 자본주의 사회에서 노동자의 운명은 점점 더 악화될 것이라는 생각이다. 자본주의는 일종의 기계와 같고 그 안에 포섭된 노동자들과 마찬가지로 붙잡힌 몸이며 기계가 그들에게 명령하는 것 이외에는 아무 것도 할 수가 없다. 이러한 의미에서 자본주의 사회에서 인간은 노동으로부터 소외되었다.

마르크스의 노동과 실천에 대한 새로운 문제의 설정은 『포이에르바하에 관한 테제』(1845)에서 잘 드러나 있다. 이 테제는 "인간의 본질"은 무엇이며, 이것이 "어떻게 소외되었는가"라는 문제의 설정을 비롯하여 인간 실천 활동의 결과라는 것에 대해 파악하는 계기를 마련하였다. 마르크스의 공헌은 노동이 사회적인 차원에서 이루어지며, 단지 우리는 홀로 일하지 않고 여러 사람과 함께 일한다는 것이다. 우리가 함께 모여서 행동하는 편이 더 안전하다는 점은 쉽게 이해할 수 있다. 여기서 마르크스는 생산력과 생산관계라는 개념을 끄집어낸다. 생산력은 앞에서 이야기한 노동도구의 생산능력을 의미한다. 이 노동도구는 보통 생산수단이라고 불린다. 생산관계는 이 생산수단의 소유관계를 의미한다. 우리는 생산수단 없이는 생산할 수 없다. 물론 노동력이 가해져야 하지만, 그것만으로는 아무 것도 이루어지지 않는다. 노동 생산물의 가치는 전적으로 노동력에서 나온다. 생산수단은 새로운 가치를 창조하는 것이 아니라 생산의 대상(자연)이 생산물로 변형되기 위해 필요한 조건일 뿐이다.

반면에 노동력은 자신이 갖고 있는 가치 이상을 만들어내는 능력을 소유하고 있다. 하지만 그 능력이 발휘되려면 언제나 생산수단을 필요로 한다. 그런데 생산수단은 모두가 공유하지 않는다. 과거 원시 공산사회는 이후 고대 노예제, 중세 봉건제, 근대 자본주의 사회는 특정 집단이 생산수단을 소유하고 있다. 이를 생산수단의 사유라고 부른다. 엥겔스는 『가족, 사유재산, 국가의 기원』(1884)에서 사유가 어디에서 기원했는가를 역사적으로 탐구하고 있다. 그래서 마르크스는 불평등의 문제에 핵심을 두게 된다. 불평등은 계속해서 승계됨으로써, 계급을 재생산하는 데 있다. 노예제에서 생산수단은 노예였고, 노예를 소유한 것은 노예주들이다. 봉건제에서 생산수단은 토지였고, 토지를 소유한 것은 지주들이었다. 자본주의에서 생산수단은 자본이고, 자본을 소유한 것은 자본가들이다. 반면에, 생산수단을 소유하지 못한 노예, 농민, 노동자들이 반대편에 존재한다.

마르크스는 생산수단을 소유한 한 집단을 부르주아지(유산계급)로, 다른 집단을 프롤레타리아(무산계급)라 불렀다. 이 두 계급 간의 관계를 생산관계라 했다. 예를 들어 내가 어떤 계급에 속하는 가는 생산수단의 소유 여부에 달려 있다. 생산수단을 소유했으면 유산계급이고, 소유하지 못했으면 무산계급이다. 다른 말로 표현하자면, 지배계급과 피지배계급이라고도 할 수 있다. 마르크스는 기본적으로 물질적인 토대를 소유한 사람이 정치와 문화를 지배할 수 있다고 보았고, 물적 토대를 소유한 유산계급이 지배계급이 되는 것이라 생각했다.

이러한 견해는 초중기의 『공산당 선언』(1848)과 같은 저작에서 분명하게 드러난다. 자본주의를 예로 든다면, 유산계급, 즉 지배계급에 해당하는 것이 부르주아지, 무산계급, 피지배계급에 해당하는 것이 프롤레타리아트이다. 물론 그가 양 계급 이외의 다른 계급, 프티 부르주아지, 농민, 지주 등과 같은 계급에 대해 언급하지 않은 것은 아니다. 다만, 마르크스는 자본주의가 발전하면 할수록 그 계급들은 프롤레타리아트화 될 것으로 보았다. 이를 계급의 양극화 명제라고 표현한다. 이렇게 생산력과 생산관계는 밀접한 관계가 있다. 여기에서 생산수단은 계속해서 발전해서 생산력 증대를 이루고, 그것의 사용은 생산관계에 얽매여 있다. 생산력과 생산관계가 맺는 일정한 관계를 마르크스는 생산양식이라 불렀다. 노예에 기반한 노예제, 토지에 기반한 봉건제, 자본에 기반한 자본주의는 각각 하나의 생산양식이다. 그러면 생산양식은 어떻게 변화할까?

생산력은 지속으로 증가한다. 그리고 노동도구는 지속적으로 발달을 거듭하게 된다. 여기에 끊임없는 인간의 욕구라는 요소가 작용한다. 지속적으로 발달하는 생산력과는 다르게 생산관계는 정체되어 있다. 생산수단의 소유관계는 하나의 형태를 유지하고 있다. 그런데 어느 순간이 되면, 기존의 생산관계가 생산력의 발달에 장애가 되는 경우가 종종 생긴다. 마르크스는 이것이 하나의 생산양식이 갖는 필연적인 모순이라고 보았다. 예를 들어 네모 판자와 모서리에 얇은 나무 판자가 붙어 있다고 해서 우리는 그것을 의자라 부르지 않는다. 하지만 그것이 1cm, 1cm 씩 길어지면 어느 순간 우리는 그것을 의자라고 부를 수 있게 된다. 여기에 명확한 기준이나 한계가 있다고 하기는 어렵다.

원숭이와 인간이 어느 정도 수준에서 질적으로 달라지는가를 판가름하는 것이 어려운 것처럼 말한다. 과연 어디까지를 백인종, 황인종, 흑인종이라고 구분하는 선이라고 할 수 있을까? 생산력과 생산관계의 갈등도 그런 측면에서 이해해 볼 수 있다. 노예제에서 생산양식은 더 이상의 생산력 발전에 방해가 되는 경우가 생긴다. 생산력 증대를 위해서는 더 이상 강제가 아닌 자발적인 노동이 필요했다. 봉건제에서 생산양식도 그러하다. 기계의 발달과 분업의 등장으로 생산력이 급속히 증가하면서, 수많은 노동력이 필요하게 되었는데 토지에 매여 있어 이리저리 움직일 수 없었던 농민들의 상황(봉건제 생산관계로 인해)은 분명 자본주의 생산력 발전에 방해가 되었다. 따라서 생산력은 끊임없이 증대하며, 생산관계와 상호작용함으로써, 하나의 생산양식을 이루고자 한다. 하지만 생산관계와 생산력의 끊임없이 상승하려는 성격이 어느 시점에서 갈등을 일으키게 되고, 결국은 생산력의 발달을 위해 생산관계가 변화하게 되고, 생산양식도 급기야 다르게 된다. 여기에서 핵심적인 역할을 하는 것은 결국 생산력이다. 그것이 마르크스를 경제결정론자로 몰고 가는 근거가 되고 있지만, 생산관계의 변혁과정은 결코 자동적이지 않고, 치열한 계급투쟁의 과정을 통해 획득되는 산물이라는 점에도 주의를 기울여야 한다.

마르크스는 생산양식이 그 사회의 비경제적인 부분을 결정짓는다고 보았다. 경제적인 부분이 바로 생산력과 생산관계의 관계로서의 생산양식이고, 통상적으로 하부구조라 명명했다. 그것을 결정하고 조응하는 부분이 종교, 도덕, 정치, 문화와 같은 정신적, 관념적 차원에 속하는 것으로서 보통 상부구조라 불렀다. 마르크스는 이들 하부구조와 상부구조의 총체를 사회 구성체라 지칭했다. 마르크스의 실천에 대한 새로운 문제설정은 이 세계에 대한 이해를 넘어서 세계를 변화시키는 데 있었다. 그래서 그는 테제11번째에서 다음과 같이 언급한다.

> "이제까지의 철학자들은 단지 세계를 해석해 왔을 뿐이다.
> 문제는 이 세계를 변혁시키는 데 있다."

이 문구는 후에 마르크스 자신뿐만 아니라 그를 추종하는 많은 사람들에게 광범위한 영향력을 발휘하였다. 이 말은 마르크스 혁명이론의 핵심을 이루고 있다. 마르크스의 관점에서 역사는 자본주의에서 사회주의로 발전하는 혁명을 향해서 움직여 가고 있다는 것을 확신한다. 자본주의 사회는 무의미한 노동과 메마른 가정생활 속에 가두어 놓는다는 사실을 깨닫는 것만으로는 충분하지 못하다. 중요한 것은 현재의 상태를 완전히 뒤집어 놓는 혁명이다.

그는 사회주의로 향하는 역사, 계급이론을 달성한 몇 년 후에 경제이론을 발전시켰다. 그의 경제이론은 자본주의의 역사발전이 사회주의를 가능하게 하는 조건을 마련하고자 했다. 따라서 마르크스는 자본주의에 대해, 노예도 농노도 아니며 자유민인 노동자의 노동을 이용하여 생산수단을 소유하는 자의 사적이윤을 위해 생산수단을 착취하는 사회제도라고 주장한다. 이렇게 마르크스에게 있어서 생산력의 발전은 공산주의 사회가 형성되기 위한 필수적인 조건들 중의 하나다. 생산력이 고도로 발전해야 개인이 단순히 육체적 욕구의 충족에 얽매이지 않고 자신의 능력과 개성을 전면적으로 발휘하는데 관심을 쏟을 수 있다.

하지만 요나스는 마르크스의 이러한 생산력의 무한한 발전을 추구하는 태도를 기술적 낙관주의라 비판한다. 요나스의 관점에서 마르크스의 유토피아는 베이컨의 유토피아와 깊숙이 연관되어 있다. 베이컨은 앞서 고찰한 바와 같이, 과학기술의 발전을 토대로 자연을 가공하고 지배하여 생산력을 향상시켜 복지를 증대시켜야 한다는 이상(理想)을 갖고 있었다. 요나스에 따르면, 마르크스도 이러한 '베이컨의 기획'에 전제하고 있다는 것이다. 그리고 요나스는 마르크스가 여기에 생산력을 효과적으로 통제하기 위해 분배개선과 같은 사회제도의 개혁을 보탰을 뿐이기 때문에 마르크스주의에서 기술주의와 인류의 복지증대가 유토피아의 조건이자 목표가 되고 있다는 것이다. 즉 요나스는 이러한 마르크스주의의 근원이 베이컨적인 혁명이며, 스스로를 선택받은 집행자, 자본주의보다 더 효과적인 집행자로 생각한다고 보았다.

요나스의 관점에서 마르크스의 이론이 사회주의의 전달자라는 역할에서 재난의 예방자라는 역할을 스스로 변화시켜, 유토피아를 과감히 포기하였을 때, 훌륭한 베이컨인 유토피아의 주인이 될 수 있다는 것이다. 그렇게 하였을 때 마르크스의 유토피아주의는 기술적 진보의 방향을 사회적으로 잘 조정할 수 있으며, 또한 진보의 결과를 사회적으로 잘 배분할 수 있다고 믿었다. 그러나 요나스는 마르크스가 주장하는 계급 없는 사회에서 노동 분화의 산물인 고급의 문화, 그리고 기능들이 소멸되지 않고 어떻게 노동분업을 제거할 수 있는지에 대해 어떤 언급도 하지 않았다고 비판한다. 또한 정신적 노동조차도 육체적 노동보다 훨씬 전문주의의 대가를 치러야 하는데, 어떻게 하려는 것인지 묻지 않을 수 없게 된다고 반문한다.

이상과 같이 마르크스주의의 유토피아주의는 우리가 더 이상 견지할 수 없는 유아(唯我)론적 사고이며 잘못 설정된 유토피아라 요나스는 비판한다. 따라서 요나스는 성숙한 인간이 이성적으로 택할 수 있는 태도는 유토피아를 추구하는 허구적 착각을 과감히 포기하는데 있다고 말한다. 요나스는 마르크스주의의 유토피아가 현실적으로 성취할 수 있기 위해서는 현재 상태보다 훨씬 더 풍요로운 여유가 주어졌을 때, 유토피아를 실현할 수 있다고 생각했다.

7-2. 마르크스의 자연관

요나스는 마르크스주의의 유토피아주의가 심각하게 고려해

야 할 부분은 자연의 인내에는 한계를 갖고 있다는 것을 인식해야 한다는 것이다. 이제 유토피아와 자연의 상관관계가 현실문제로 부각하게 되었다. 이제까지 요나스는 과학기술의 진보에 의해 인간의 능력이 진척되었다고 할지라도 이를 지속적으로 방치할 경우에는 식량문제, 자원문제, 에너지문제, 열 문제 등에 있어서 "자연의 인내가 한계"에 직면하게 된다고 경고한다. 요나스는 자연의 한계가 인류에게 검소한 에너지 경제를 지속하라는 명령을 내림으로써 유토피아주의에 대한 거부권을 행사하는 사태에 직면하게 될 것이라 말한다. 자연은 더 이상 인내할 수 없다. 기하급수적인 인구증가, 지구온난화, 천연자원과 에너지의 고갈과 같은 문제들은 자연으로부터의 마지막 거부권이 행사되는 단적인 모습을 드러내고 있다.

이렇게 지구상에 관심이 집중된 환경문제는 자본주의사회에서 발생하는 계급적 모순을 극복해야 한다는 마르크스의 시각을 반영한다. 계급모순으로 바꾸어 생각하여 인식되는 환경문제는 계급 사이의 불평등을 야기한다. 즉 계급모순은 노동을 매개로 하여 인간과 자연간의 물질적 관계를 정의롭게 설정하는 생산적 정의이다. 노동은 인간이 자연과의 물질교환을 자신의 고유한 행위를 통해서 매개하고, 조정하고, 통제하는 과정으로 인식된다. 이용할 수 있는 노동은 모든 사회형식에서 인간의 독립적인 실존의 조건, 영원한 자연의 필연성, 인간과 자연의 물질교환을 위해 인간의 삶을 연결시킨다. 그래서 인생은 일반적인 필연성, 인간과 자연의 물질교환으로부터 머물러 있다. 마르크스에게 있어서 이러한 필연성은 인간을 자연과 함께 고착화시키고 더 이상 서로 투쟁을 해서는 안 된다는 것이다.

"나는 노동한다." "나는 대상적으로 활동 한다." 이 문장은 자연에 관한 모든 현상을 동반한다. 마르크스는 자연을 인간의 인식능력밖에 있는 자연 그 자체로 파악하는 것이 아니라, 인간과 자연을 바로 인간과 자연의 중매과정으로 이해한다. 인간에 의한 자연의 지배를 의미하는 불평등은 인간에 의한 인간의 지배를 바탕으로 하여 확장된다. 마르크스는 『정치 경제학 철학수고』에서 "인간은 자연을 먹고 살아간다. 이러한 뜻은 자연은 곧 인간의 신체임을 의미하는 것이며, 이러한 인간의 신체는 그가 살아있는 한 끊임없는 자연과의 상호교류를 통해 생존할 수밖에 없다."

마르크스는 철학의 자연관에서 인간중심주의와 생태중심주의의 입장들은 첨예하게 대립하여 논의되어 왔다고 보았다. 한편으로 마르크스주의 철학은 자연을 인간의 사회발전을 위한 도구적 지배대상으로 간주한 계몽주의 전통에 서 있는 인간중심주의사상이며, 다른 한편으로 마르크스주의의 생태학적 문제에 대한 이론적인 해답을 이끌어내려는 시도가 진행되어 왔다. 전자의 인간중심주의 입장으로 보았을 때, 마르크스는 언제나 인간사회에서 일어나는 노동, 사회, 역사의 철학을 자연에서 찾고자 했다. 마르크스는 자유의 역사라는 관점도 언제나 인간사회의 유물론적-자연주의적 대상에서 찾았다. 그는 노동, 역사, 자연을 통해 인간의 역사가 만들어진다고 보았다. 우리는 마르크스의 입장을 인간중심주의적, 사회중심주의적 그리고 프로메테우스적이라 부른다. 물론 그러한 입장이 분명한 학설로서 자리매김한 것은 아니다. 하지만 마르크스의 철학은 인간중심주의적, 사회중심주의적 그리고 인간의 프로메테우스적인 자기 확신 속에서 궁극적으로 각인되어 왔다.

후자의 생태중심주의 입장에서 보았을 때, 마르크스의 초기 저서인 『경제학-철학수고』는 정교하게 생태학적으로 민감한 자연으로부터의 인간의 소외를 분석하는데서 찾았다. 마르크스의 소외란 단지 노동생산물로부터의 소외일 뿐 이러한 소외는 사회화를 통해 극복하는 것이었다. 따라서 마르크스주의는 노동을 통한 세계의 소외화를 긍정적으로 수용한다.

이러한 경향은 인간의 생존, 토양과의 관계, 자본주의 농업의 전체적인 문제 등에 관한 마르크스 사상의 핵심을 이룬다. 마르크스 사상에서 이러한 주제들은 후기 저작물에서 중요한 관심 분야였으며, 마르크스가 마지막 10년의 인종학적 연구물에서 선사 시대 및 고대의 공동체적 현재의 문제들을 언급하고자 하였을 때 크게 주목받았다. 마르크스는 생태학적 사고방식에서 자연과 인간관계의 변화를 사회적 변화로 연결시키는 데 역점을 두었다. 이러한 관점에서 마르크스 철학의 핵심은 현대의 과학적 생태학적 사유에 있어서 상당 부분 그 단초를 제공한 유물론과 자유에 관한 에피쿠로스의 전통을 발전시키고 변형시킨 방법에 있었다.

마르크스는 『정치경제학비판 요강』(1857~1858)의 한 구절에서 자연에 대한 지배라는 개념 자체를 부정하고 있는 것처럼 보인다. 왜냐하면 지배라는 개념은 자유 의지의 파괴를 의미하기 때문이다. 자연에 대한 무분별한 방식으로 자연에 대해야 한다는 것을 의미하지 않는다. 하지만 『독일 이데올로기』에서 마르크스는 인간은 언제나 자연과의 투쟁과 통일 속에서 존재한다고 주장한다. 마르크스에게 자연은 인간의 형상과 같은 성질을 지니고 있는 것이 아니다. 자연 그 자체는 목적을 가지고 있지 않다. 자연에게서 그 자신의 목적을 부여하는 것은 다름 아닌 인간이다. 자연에 그 자신의 목적을 부여하여 인간은 반드시 자연의 법칙에 복종해야 한다. 그러나 요나스는 이러한 관점에서 인간이 자연에 대해 '기술적 소외를 무시하면서 기술의 한계에 대한 비판을 가하지 않으면서, 기술적 충동을 그대로 내재되어 있다는 것이다. 요나스는 기술적 낙관주의를 바탕으로 한 무한한 생산력의 발전을 추구하는 공산주의는 여기서 불거지는 문제, 즉 자원고갈, 생태계의 파괴와 같은 문제에 직면할 수 있다는 것이다. 이처럼 과학기술이나 자연 수용의 한계라는 문제를 고려한다면, 마르크스가 꿈꾸고자 했던 공산주의에서 고도의 생산력의 발전은 기술적 낙관주의에 기초한 하나의 소박한 소망에 불과하다는 비판에서 벗어나기 어렵다.

앞서 살펴보았듯이, 베이컨(F. Bacon)은 "자연은 복종하는 가운데 정복된다."고 외치면서 자연의 지배와 파괴를 정당화하였다. 베이컨에게 있어서 자연의 정복은 "인류의 진정한 본분과 운명이다." 그는 "인간의 재능과 손에 의해" 자연 상태에서 벗어나 이용되고 변형되어야 한다고 말하였다. 자연은 "반드시 봉쇄하여야 하고 인간의 "노예"가 되어야 한다. 베이컨이 보기에 자연의 복종은 여성의 복종과 다를 바 없는 것이었다. 하지만 지배는 결코 강탈이나 침해를 의미하지는 않는다. 베이컨은 그의 저서 『신기관』(1620)에서 다음과 같이 말하고 있다.

> 자연을 지배하기 위해서 반드시 자연에 복종해야 한다. 자연의 종이면서 동시에 자연의 해석자인 인간은 오로지 그 자신이 현실적인 면에서나 생각 속에서 자연의 과정에 대해 관찰해 왔던 만큼만 행동할 수 있고, 이해할 수 있다. 이것을 넘어서 인간은 아무 것도 할 수 없을뿐더러 어떤 행동도 할 수 없다.

위 인용구에서 보여주듯이, 인간은 자신의 목적을 자연에 부여 하지만, 결코 독단적인 방식으로 자연을 억압하거나 조종할 수 없다. 마르크스의 이론이 인간중심주의라는 비판의 대부분에서 의심받고 있는 것은 그의 유물론이다. 마르크스의 유물론은 생태학적 가치를 주장하기보다는 오히려 마르크스로 하여금 일종의 "베이컨식 자연지배의 사상"과 경제 발달을 강조하도록 이끌었다는 것이었다. 우리가 자연을 이용하고자 한다면, 그것은 자연을 침해함으로써가 아니라 오히려 자연을 복종함으로써 이루어진다. 마르크스는 이러한 입장을 베이컨으로부터 받아들이고 있으며, 인간의 자연에 대한 관계의 두 가지 일반적인 형태를 구분한다. 첫째, 수렵, 채집생활을 하는 사회에서와 같이 자연이 단순히 이용대상에 지나지 않는 형태이다. 둘째, 자연이 이용되고 있을 뿐만 아니라 또한 변형되고 있다. 현대의 생태계 보호주의 운동에서 강력한 경향은 베이컨으로 대표되는 17세기 과학혁명의 출현을 생태계 파괴의 원인으로 돌리려는 시도가 있어 왔다.

베이컨은 자연지배의 중요한 옹호자로 묘사되어 왔다. 사실상 베이컨의 자연정복의 관점은 베이컨 사상에 대한 체계적인 고려 없이 어떤 경구를 인용함으로써 확대재생산된 것이다. 따라서 자연지배사상은 단순히 직선적인 인간중심주의 관점과 기계론의 특징으로 간주된다.

마르크스는 “자연을 위해서는 아무것도 생산하지 않는 것이 가장 멋진 생산이다”라고 말한다. 인간은 자연의 일부이며 동물가운데서도 가장 발달한 종(種)이라는 사실을 인정한다. 따라서 인간은 자연에 의존하고 있으며, 또한 생존하기 위해서는 반드시 자연과의 “물질교환”을 유지해야 한다. 인간은 자연과 서로 소통을 하는 동안에 도구, 기구, 지식, 기술 등을 활용하고 있다. 여기서 마르크스는 기술의 위치를 인간과 자연의 중간에 둔다. 그에 따르면, 기술은 인간이 자연을 다루는 양식을 드러낸다. 기술이란 인간과 자연을 연결해 주는 매개이며, 기술이 없다면 인간과 자연의 물질교환이 안전하게 확보될 수 없다.

마르크스는 자연을 이용하고자 한다면, 그것은 자연의 침범에 의해서가 아니라 도리어 자연에 복종함으로써 이루어진다고 본다. 마르크스는 이러한 입장을 프란시스 베이컨으로부터 받아들인다. 그리고 인간의 자연에 대한 관계를 두 가지 관점에서 구분한다. 첫째, 수렵과 채집생활을 하는 사회에서와 같이 자연이 단순히 이용대상에 지나지 않는다. 둘째, 자연이 이용되고 있을 뿐만 아니라 변형된다. 마르크스에게서 자연의 인간적인 본질은 단지 사회적인 인간에게만 존재한다. 사회는 자연과 인간의 완성된 본질적으로 일치하는 것이며, 자연의 진정한 부활이다. 따라서 마르크스는 노동자 계급이 곧 닥칠 투쟁에서 승리를 쟁취할 것이라 생각했다. 마르크스는 소외의 과정을 유물적으로 해석하여 혁명의 이론으로 발전시켰다. 현재 소외에 대한 의식이 보편화되어 있는 상황에서 그의 이론은 여전히 많은 시사점을 던져 주고 있다. 이와 같이 마르크스는 인간이 노동을 통해 자연을 인간답게 만든다고 말한다. 자연에 대한 인간의 목적활동으로서의 노동은 인간자신을 노동으로부터 해방하기까지 지속된다. 하지만 요나스는 이러한 마르크스의 명제를 "인간에게는 노동이 자연에 예속되어 있지 않다. 전적으로 노동은 자기 자신이 될 수 있다는 것을 의미하기 때문에 자연에게 있어서 노동이 인간에게 예속되어 더 이상 자기 자신이 될 수 없다고 이해한다.

chapter 08

베이컨과 마르크스주의의 유토피아 세계에 대한 요나스의 비판

chapter 08

베이컨과 마르크스주의의 유토피아 세계에 대한 요나스의 비판

요나스는 우리가 예측할 수 있는 과학기술의 재난을 베이컨이 꿈꾸었던 유토피아의 지나친 기대감에서 찾았다. 우리가 앞에서 베이컨과 마르크스의 유토피아사상을 살펴보았듯이, 요나스는 과학기술시대의 원동력을 베이컨의 과학주의와 유토피아주의의 결합이라 보았다. 이렇게 마르크스주의는 베이컨주의의 결실이며 스스로 집행자라 자처했다.

애초부터 마르크스주의는 기술의 권력을 찬양하였으며, 그 권력이 구원을 가져다 줄 것이라 믿었다. 따라서 마르크스주의는 권력을 제어하지도 않았다. 오히려 마르크스주의는 자본주의적 소유자의 사슬에서 해방시킨 인간전체의 해방을 위해 이용하고자 하였다고 요나스는 진단한다. 즉 요나스의 입장에서 우리가 만약 종말론적 상황에 처하게 되어 총체적 재난이 임박한 상황 속에 살게 된다면, 그것은 자연과학과 기술산업문명의 지나친 발달에 원인이 있었다고 강조한다. 요나스는 과학기술을 통해 자연을 지배하고자 하였던 베이컨의 유토피아의 세계는 많은 재난의 위험을 갖고 있지만, 유토피아에 도달하고자 하는 인간의 욕망이 그러한 위험을 부추겨 왔다고 보고 있다. 요나스는 정치적으로 활동하는 대부분의 마르크스주의자들이 중시하는 기술숭배를 "생태학적 전환"이라는 관점에서 비판적으로 접근했다. 다시 말해 요나스는 "마르크스적 유토피아"가 상상할 수 없을 만큼 풍요로운 복지를 성취했다는 것과 인간 존재가 자연 기초에 기반한 파괴를 목표로 삼는 것은 그릇된 생각이라는 것이다.

왜 우리가 자연에 대해 직접 도덕적인 책임을 져야 하며, 자연의 보존을 도덕적 의무로 받아들여야 할까? 요나스의 답변은 간단한다. 자연은 고유한 가치를 지니고 있기 때문에 우리는 자연을 소중하게 여겨야 한다는 것이다. 향후 우리가 미래세대의 삶에 기회를 주어야 하는 이유도 우리 자신의 몫이기에 반드시 책임의 의무를 져야 한다. 요나스에 의하면, 인간이 자연을 정복하여 과학기술의 지배를 가속화시켜 베이컨이 구상했던 유토피아의 세상을 이루고자 했던 생각이나 마르크스주의가 인간해방의 유토피아를 달성하고자 했던 생각은 이제 작별인사를 해야 한다는 것이다. 위에서 우리가 살펴보았듯이, 베이컨의 유토피아가 자연에 대한 권력의 끊임없는 증대를 의미한다면, 마르크스의 유토피아는 계급 없는 사회를 만들고자 했다. 예를 들어 마르크스주의의 유토피아는 생산수단의 공동소유와 재화의 공동분배를 근간으로 한 계급 없는 사회라는 점에서 그 어떤 착취도 허용하지 않는 것을 기본으로 한다. 마르크스주의의 유토피아는 미래에 도달할 이상사회라는 측면에서 고도로 발전된 자본주의 체제 내의 생산력과 물적 토대로 구현될 수 있다. 동시에 이러한 이상사회로의 접근은 자본주의 사회의 계급투쟁과 프롤레타리아의 혁명의 방식을 통해 가능하다는 사실은 이미 잘 알려진 바와 같다. 따라서 "혁명을 하는 실천의 주체인 노동자 계급은 자본주의 체제에서 자생적으로 형성된다"는 사실이다. 거듭 마르크스는 노동자 계급의 해방을 위한 조건은 무엇보다 계급 없는 사회라고 주장한다. 모든 사회계급을 철폐하지 않고서는 프롤레타리아가 그들 자신의 착취와 소외를 끝낼 수 없기 때문에 그들의 해방은 필연적으로 모든 인류의 해방을 의미한다. 그렇게 하여 프롤레타리아는 그들 자신을 하나의 계급으로 유지하려는 부르주아지와는 다르게 모든 계급차별을 철폐함으로써 계급통치를 없애는 것이다.

마르크스주의에 따르면, 이제까지의 환경, 즉 계급사회에서의 인간은 지금껏 좋은 적이 거의 없었기 때문에 계급투쟁을 통해서 계급 없는 사회가 비로소 선(善)한 인간을 산출할 것이라는 굳건한 믿음을 갖고 있다. 여기서 요나스의 입장에서 "선하다 함"은 이중적인 의미를 지닌다. 하나는 성격과 행동의 선함이라 할 수 있는 도덕적 자질을 뜻하며, 다른 하나는 경제적 가치를 넘어서 생산성과 생산성의 품질을 만들어 내는 문화적 자질을 일컫는다. 이것이 마르크스주의의 본질이라 할 수 있는 유토피아주의이다. 여기서 마르크스주의는 계급 없는 사회의 문화적 우월성을 강조한다. 실제적으로 마르크스에게서 계급 없는 사회의 도래와 자본주의 산업문명의 위기는 최소한 두 개의 이론과 연결되어 있다.

하나는, 자본주의의 위기이론이고, 다른 하나는 노동자(프롤레타리아)의 경제적인 빈곤화이론이다. 여기서 두 이론은 계급 없는 사회에 도달하기 위해 필요한 예비단계로 나타난다. 물론 마르크스의 유토피아주의 사상은 지속적인 탐구의 대상이다. 왜냐하면 마르크스에게 있어서 계급 없는 사회는 산업의 생산방식에 단순히 머물러 있기 때문이며, 상품의 증대와 상품의 합당한 분배를 유독 물질적인 빈곤화에서 마주치기 때문이다. 더욱이 마르크스는 베이컨의 유토피아 이론이 의도하였던 것보다 훨씬 좋은 최적의 유산을 합법적으로 인정하고자 한다. 따라서 마르크스주의의 유토피아는 인간의 자연지배라는 소박한 베이컨의 유토피아를 그 집행자로서 행사하고 있다는 사실이다. 이렇게 하여 자연의 지배라는 소박한 베이컨의 유토피아는 마르크스적 사회변혁의 이상(理想)과 결합한다. 여기서 마르크스는 베이컨의 혁명적 결실이라는 측면에서 인간을 보다 쉽게 이해하는데 가장 잘 부합할 수 있도록 가다듬고, 자본주의에서는 기대할 수 없었던 전체 인류를 상승시킬 것이라던 처음의 약속을 지키려는 것이었다.

그런데 이러한 마르크스주의의 기획 속에 생태위기의 가능성들이 우리 주변에 널려 있다. 왜냐하면 마르크스주의는 전체 인류의 미래에 목표를 이루기 위해 현재를 희생시킬 각오가 되어 있으며, 그러한 목적이 지배하는 곳에서는 어디에서나 희생을 강요할 수 있기 때문이다. 현재 우리 상황은 미래의 목표에 빠져 있으며, 마르크스주의가 추구하고자 하는 유토피아도 승리가 아니라 몰락으로 나타날 수 있다. 요나스는 지금까지의 기술화 과정에서 다음과 같이 세 단계의 권력을 말한다. 첫째, 자연에 대한 인간의 권력이며, 둘째는 인간이 권력을 갖게 되면서 오히려 권력의 예속화가 뒤따랐으며, 셋째, 인간이 자신의 권력을 너무 자만하여 권력의 승리를 더욱 요구한다는 점이다. 그런데 인간이 갖고 있는 권력에 대해 더 많은 권력을 요구하는 것은 사회적인 요청이었지 개인적인 요구는 아니었다는 것이다.

무엇보다 요나스에 의하면, 마르크스주의는 베이컨주의의 자연지배 사상을 사회개혁의 원리와 통합하여 계급 없는 유토피아 사회를 목표로 설정했다. 계급 없는 유토피아 자본주의

보다 더 효과적인 집행자라고 자신한다. 마르크스주의의 근원은 계급 없는 사회가 자본주의가 추구하고자 하는 것보다 더 효과적인 집행자로서 생각하고 있다. 자본주의가 자연을 이용하여 산업을 눈부시게 발전시켰지만, 인간을 이해시키는데 그다지 성공을 하지 못했다. 그러나 요나스에게 있어서 마르크스주의는, 베이컨이 이루고자 했던 유토피아의 집행자로서 이해되고 있기 때문에 적합하지 않다. 왜냐하면 마르크스도 자연을 지배하고자 하는 베이컨의 유토피아 사회와 다를 것이 없기 때문에 그러한 결합은 바람직하지 못한 사회의 형식을 만들게 된다. 마르크스주의는 구원의 전달자라는 역할에서 재난을 방조했다는 혐의에서 크게 벗어날 수 없다. 오히려 이 사실을 바로 깨달고 유토피아의 꿈을 포기했을 때 보다 훌륭한 사회를 성취할 수 있다. 따라서 요나스는 이 지구는 인간을 중심으로 자연을 지배하고 인간의 운명을 개선하려는 시도가 오히려 더 많은 불행을 낳았다고 비판한다.

베이컨이 꿈꾸었던 유토피아의 집행자로서 사회주의 유토피아에 대한 가혹한 비판은 단지 서구사회에서만 한정된 이야기는 더 이상 아니다. 가까운 실례로 우리 한국사회는 1960년대 이후로 근대화라는 명목으로 공장을 짓고, 높은 건물을 세우고 수출을 하면서 산업개발의 경제를 무한히 빠른 속도로 진행시켜 왔다. 그 결과 현재 심각한 환경문제의 증후군을 겪고 있는 것과 같다. 우리는 베이컨이 "아는 것이 힘이다"라는 이성의 진보적인 사유와 마르크스의 인간해방의 유토피아라는 꿈도 인간중심의 "자연정복전략" 이외에 다름이 아니라는 사실을 알아차려야 한다. 현시점에서 베이컨의 "아는 것이 힘이다"라는 명제나 마르크스주의의 사회주의적 유토피아의 꿈은 한갓 지나간 낡은 이론만은 아니다. 우리는 그들의 이론을 통해 과거를 반성하고 미래를 위해 나아가야 하기 때문이다. 요나스의 책임이론은 생태위기에 처해 있는 인류에게 현재나 다가올 미래에 반성적 성찰을 제공해 주는 것은 물론이거니와 지금까지의 이론들을 다시 종합하여 실천적 대안책을 마련해 주고 있다. 그래서 그는 우리가 살고 있는 터전의 안락한 생존만을 말하지 않고 불확실한 미래의 생존까지도 어떻게 처신해야 하는지 진지하게 묻고 있다.

앞서 살펴본 바와 같이, 요나스는 『책임의 원칙』에서 "베이컨의 유토피아 집행자로서 마르크스주의"를 비판하였다. 그는 현대 산업사회의 위기상황을 베이컨이 꿈꾸었던 유토피아주의에 이별을 고(告)해야 한다는 의식에서 논의를 시작했다. 그는 우리가 자연에 대해 책임을 다하고, 자연을 보존을 하기 위해서라도 유토피아를 먼저 성취하고자 한다면, 단호하게 유토피아주의에 이별을 고해야 한다고 말한다. 요나스에 의하면, 베이컨의 유토피아가 자본주의와 결합하면서부터 그 합리성과 인간의 이성에 의한 합당한 법칙을 발견하고 자연에 대한 착취의 가능성을 무한히 열어 놓았다. 그러나 베이컨의 "아는 것이 힘이다"라는 힘의 논리는 결국 과학기술 앞에서 인간을 무기력하게 만들었고 비인간적이고 반생명적인 문화를 낳았다.

전 지구의 미래관을 갖고 있는 마르크스주의는 기술의 결합을 통해 유토피아를 명백한 목표를 설정하고 한때 급부상하였다. 유토피아주의를 꿈꾸며 에너지들이 고갈된 데에는 충분한 이유와 원인들이 있어 왔다. 이런 점에서 고전적 유토피아는 인간다운 삶, 사회적으로 조직된 행복의 조건들을 화려하게 청사진을 설계해 왔다. 19세기 이후로 정치적 대결에 가담했던 사회적 유토피아, 역사적 사유와 융합한 사회적 유토피아는 현실적인 기대감을 불러 일으켰다. 이러한 것들은 자연과 사회를 합리적으로 통제할 수 있는 유망하고 확실한 도구로서 과학과 기술을 소개해 왔던 것이다.

현시점에서 우리가 요나스의 책임윤리에 주목하는 이유는 베이컨이 예측하지 못했던 지식이라는 권력이 자연 지배를 성취했다고 자부하지만, 오히려 이러한 생각이 자신에 대해 완전히 예속을 가져 왔다. 지식이 점점 권력화된다면, 인간의 권력은 더 이상 순수한 것이 아니라 권력자들의 힘에 의해 좌지우지되면서 미래를 예측하지 못하는 상황으로 변하게 될 것이다. 심지어 거짓된 지식을 가진 권력자들에게까지 자신을 그 속에 종속시켜 버렸으며, 최소한 자신의 의지조차도 없는 현실로 변해가고 있다. 요나스의 『책임의 원칙』에서 드러난 베이컨의 '유토피아에 대한 기획은 마르크스의 진보적인 입장과 어떻게 상호 연관관계를 맺고 있는지를 비판적으로 고찰하는데 있었다.

요나스는 마르크스가 인간이 자연을 정복함으로써 기술을 무한히 확대하려는 프로메테우스적인 해방을 기대하고 있다고 비판한다. 즉 요나스에게서 "유토피아의 비판은 기술비판의 극치"로서 묘사된다. 우리들은 요나스가 『책임의 원칙』의 다양한 영역에 걸쳐 언급한 유토피아주의 비판에 대해 겸허하게 받아들여야 한다. 인간을 위협하는 위험은 사실상 인간도 다른 생물과 마찬가지로 유기체라는 사실을 인식하는데 있으며, 그 위험의 수위도 인간이 최고의 유기체라는 오만한 생각에서 비롯되었다. 요나스는 이러한 마르크스주의에서 과학기술의 진보개념을 중요한 한 부분으로서 설정하고 유토피아주의를 폭넓은 범위 안에서 전개하였다. 즉, 그는 마르크스주의의 이러한 측면에 대해 "윤리적 진보, 문명화된 진보, 과학화된 진보, 기술적인 진보"라는 이름을 붙였다. 여기서 요나스는 마르크스주의에 대해서 "유토피아가 도래할 것을 예고하는 것이 아니라 반유토피아의 사회가 다가올 수 있음"을 엄중히 경고

한다. 왜냐하면 우리가 지금까지 살펴보았듯이, 인간의 권력을 무한히 확대하여 자연을 지배하려는 목적과 숨겨진 의도를 멈추지 않고 과학기술의 진보를 최선이라 생각한다면, 유토피아의 사회를 성취하는 것이 아니라 오히려 디스토피아의 사회의 나락으로 빠질 수 있다는 사실이다. 마르크스의 유토피아론에 대한 요나스의 비판은 종말론적 유토피아와 생산성의 발전이 인간의 해방에 기여할 것이라는 생각이다. 먼저 유토피아주의는 어제와 오늘의 사회를 보다 나은 미래를 위해 나아가는 목적론적 운동구조다. 마르크스의 유토피아는 인간의 본질을 완전하게 실현할 수 있는 미래의 이념을 자신의 본질에서부터 소외된 인간에게 희망을 불어넣는다는데 있다.

그런데 종말론적 유토피아는 현재의 삶에 의미 있는 행위의 척도를 제시하기보다는 기술행위의 자율화를 더 강조한다. 역사의 과정이 종말론적 목표를 향해 진행되는 발전이라면, 현재는 현재에 의미를 부여하여 극복해 나가야 한다. 기술행위의 자율화는 종말론적 유토피아를 발판으로 삼아 목적과 수단을 전도한 것에 지나지 않는다. 따라서 기술행위의 목표는 현실에 존재하지 않으며 무한한 목표를 향해 가는 지속적인 자기고양의 유토피아만이 존재하는 것이다. 마르크스가 역사진보의 전제조건으로 설정한 생산성의 발전을 정당화하는 것은 허구에 불과하다. 따라서 요나스는 물질적 전제조건이 되는 생산성의 발전은 세계의 파국을 초래할 수 있기 때문에 유토피아적 사유양식을 과감히 포기해야 한다고 주장한다.

그렇다고 우리가 추구해야 할 21세기의 사회는 종말론적인 암울한 상황을 전망하는 것만은 아니다. 이런 관점에서 요나스가 주장하는 "베이컨의 유토피아주의에서 드러난 어두운 예언은 결코 현 상황을 전적으로 부정하거나 적대적인 생각만을 갖는 것은 아니다. 지금 많은 환경전문가들이 지구상의 생태위기를 언급하는 이유는 인류의 지속적인 미래의 유토피아 사회를 그려보고자 하는데 있다. 단지 우리는 이 지구상에 거의 존재하지 않는 전체주의적 입장이나 전체주의의 잘못된 결과에 대해 대한 요나스의 비판에 주의를 기울여야 한다. 즉 "인간이 이미 존재함"에 대한 확신은 마르크스처럼 약속이 예약된 치료와 윤리를 예언하는 것과는 근본적으로 다르다. 이러한 관점에서 마르크스주의의 영역에서는 이제껏 사회적 관계에 따라 성장의 한계를 결정할 수밖에 없었다. 따라서 마르크스주의가 "베이컨식 유토피아"의 집행자로서 우리에게 나타나는 한, 진보라는 허울 좋은 미명하에 기술적으로 자연을 이용하려던 그 계략은 위험성의 정도가 이미 한계점에 당도하였다는 사실을 분명하게 깨달아야 한다.

지금까지 과학기술의 멈출 줄 모르는 무분별한 진보는 결코 지구상에서 안락한 유토피아의 세계를 제공하지는 못할 것이라는 사실이 분명해 졌다. 우리가 과학기술의 진보 이데올로기에 깊숙이 빠져서 헤어나지 못한다면, 인간의 이성은 더욱 자신을 과신하여 자연을 남용하고 침해를 가할 것이다. 이렇듯 우리가 누리는 과학기술의 물질적 풍요가 결코 진보의 미덕은 더 이상 아니라는 사실이다. 궁극적으로 21세기의 유토피아는 베이컨식의 유토피아의 설계가나 마르크스주의가 아니라, 오히려 이러한 것들을 해체했을 때 보다 바람직한 이상사회가 우리에게 다가오는 것은 아닐까?

chapter 09

미래에 도달할 본래적 인간의 유토피아: 니체

chapter 09

미래에 도달할 본래적 인간의 유토피아: 니체(Friedrich Nietzsche)

요나스에 따르면, 마르크스주의에서는 유토피아가 침묵을 지키고 있기 때문에 니체(Friedrich Nietzsche, 1844~1900)의 위버멘쉬(Übermensch: 자기극복인)에서 시선을 전환시켜 볼 필요가 있다. 그래서 요나스는 20세기 현대문명의 위기를 극복할 수 있는 생태학적 윤리를 허무주의의 관점에서 역사적으로 정당화시키고자 한다. 즉 요나스는 니체의 사상을 인용하여 서양의 역사를 본질적으로 허무주의의 역사로 간주한다.

요나스는 20세기의 생태위기를 극복할 수 있는 방안을 허무주의의 역사적 맥락에서 찾는다. 니체는 서구사를 허무주의의 역사로 파악하고 그것의 근본특성을 고찰할 필요가 있다. 니체가 예견한 허무주의의 도래는 21세기의 현시점에서도 이미 정해진 순서로 인식하는 것처럼 보인다. 이러한 상황에서 요나스의 생태적 사유는 우리 모두에게 많은 시사점을 던져주고 있다. 첫째, 허무주의의 전통가치는 붕괴되었으나, 아직 새로운 가치는 정립되지 않은 과도기적 현상태를 뜻한다. 요나스는 20세기는 과학기술에 의해 역사적으로 많은 권력을 보유하게 되었으나, "무엇을 위해서라"는 목적에 대한 지식이 결여되어 있기 때문에 최고의 공허함과 결합되어 있다고 파악한다. 둘째, 허무주의는 이성과 권력을 상호배타적인 것으로 보지 않고 절대적 기술권력의 비이성적 측면을 계보학적으로 폭로한다. 요나스는 과학기술의 비합리성의 근원을 유토피아가 기술적으로 만들어질 수 있다는 기술진보의 이데올로기에서 발견한다. 셋째, 허무주의는 인간이 갖고 있는 문제점과 이중성을 철저히 수용하는 태도를 뜻한다. 인간이성을 모든 것의 중심에 설정했던 근대의 이성중심주의는 인간 자신을 합리화함으로써 인간의 실존조건을 박탈하는 결과를 초래한다. 허무주의는 기술의 진보에 도취하여 현재의 사태를 자각하지 못한다는 데 있다. 이렇게 요나스의 생태윤리학은 현재 인간존재가 위기에 처해 있다는 사실을 환기시켜 반성적 고찰을 통해 기술적 행위의 척도를 준비하는 것이다.

니체는 유토피아 신봉자는 아니었으나, 향후 도래할 인간의 종말을 의미하는 궁극적 상태에 대해 전혀 말한 바가 없다고 요나스는 진단한다. 요나스는 허무주의 이후에 나타날 과도기의 존재에 대해 앞으로 등장할 것이라 기대되는 위버멘쉬에만 적용된다고 말한다. 하지만 위버멘쉬는 자기 자신을 넘어서 다른 것을 추구하게 되고, 끝없이 열려진 지평선을 바라본다. 니체는 위버멘쉬의 대척점에 놓인 '최후의 인간'이 모든 인간이 평등하다고 믿는 현대 대중 사회의 구성원이라고 생각하고 있다. 특별한 사람은 정신 병원으로 가지 않으면 안 되는 평등한 사람들의 세상, 바로 당대 부르주아 사회, 대중이 주인이 되어가는 사회, 그리고 더 나아가 노동자가 주인이 된 사회주의 사회는 니체가 경멸하는 최후의 인간이 사는 사회이다. "오 차라투스트라여, 달라. 그러면 우리가 그대에게 위버멘쉬를 선사하겠다." 니체는 완결된 모습으로서의 위버멘쉬를 제시하기보다는 차라투스트라가 사랑하는 인간유형[1]을 제시한다.

니체는 『차라투스투라는 이렇게 말했다』(1883~1885)서설 4에서 나는 사랑한다(ich bin Liebe)로 시작하는 동일한 형식을 통해 초인으로 향하는 위대한 인간의 유형을 열거한다. 즉 위대한 경멸자, 대지에게 자기를 희생으로 바치는 자, 인식자, 노동자와 발명자, 자기의 덕을 사랑하고 이 덕으로 인해 몰락하는 자, 영혼을 낭비하는 자, 행운을 부끄러워하는 자, 미래와 과거의 인간을 변명하는 자, 자기의 신을 견책하는 자, 깊은 영혼을 지

---

1 이를테면 저 편의 또 다른 세계를 신봉하는 자들, 신체를 경멸하는 자들, 이웃 사랑을 미덕으로 이웃에게 달려가는 자들도 비천하기 짝이 없는 인간, 하나같이 노예근성을 지닌 허섭 쓰레기들이다. 무리(Masse), 떼(Herde), 짐승떼(Herdentier), 천민(Gesindel), 잡 것(Pöbbel), 민중(Volk), 다수(Menge), 너무나도 많은 자(Viel-zu-Viel), 덤(Überflüssige) 따위의 개념들을 등장시키고 있는 것이다.

닌 자, 꽉 차서 넘치는 자, 자유정신 등을 나열한다. 그리고 차라투스트라는 인간이 왜소화되어 가는 슬픔에 대해 말한다.

> "차라투스트라는 멈추어 서서 생각에 잠겼다. 드디어 그는 슬픔에 잠겨 말하였다. 모든 것은 더 작아져 버렸다. 모든 곳에서 나는 낮아진 문을 본다. 나와 같은 류의 사람은 몸을 구부려야지만 잘 나갈 수 있다! 오 언제쯤 나는 작아진 문 앞에서 몸을 더 이상 구부리지 않아도 되는 나의 고향에 다시 갈 수 있을 것인가! 그리고 차라투스트라는 한숨을 짓고 먼 곳을 바라보았다. 그리고 그는 같은 날 왜소화(verkleinerde)하는 덕에 대해 말하였다."

최후의 인간은 자기극복과정으로서 상승을 포기함으로써 몰락을 위한 몰락에 처해 있다. 즉 최후의 인간은 모험과 도전을 통한 상승을 포기한 채 행복과 안전에 안주한다. 우리는 행복을 찾아냈다고 최후의 인간은 말하면서 눈을 껌뻑인다. 최후의 인간은 현실로서의 대지를 작게 만들듯이, 모든 것을 왜소화 한다. 비천하기 짝이 없는 인간들은 끌어내리기만 할 뿐, 끌어 올리는 일이 없다. 상승하는 자, 창조하는 자에게는 적이 아닐 수 없다. 멀리 두어 경계할 노릇이지만, 어느새 오늘날은 온통 저들 천민의 세상이 되고 말았다는 것이 차라투스트라의 개탄이다. 요나스는 니체가 사회주의적 평등의 축복이나 그 이외의 모든 일반적 행복에는 경멸의 시선을 보낸다고 말한다. 여기서 니체가 유토피아가 다른 것을 보충할 원천은 아니라는 것이다. 니체는 인간의 위대함과 나약함, 숭고함과 천박함, 건전함과 비뚤어짐을 생생하게 표현한다.

니체에게 있어서 옛 계몽은 민주주의적 무리라는 의미의 계몽이었고, 무차별한 평등화였다. 무엇보다 니체는 인간성의 평등개념이 인간사이의 동등한 개념으로 고착화되면서 인간의 성장을 고양시키기 보다는 오히려 퇴화시키는 데카당스의 형식을 강요한다고 보았다. 이러한 문제점이 계몽이라는 이름으로 시대의 공인화된 형태로서 집행되기 때문에 고귀한 영혼을 가진 인간들의 저항은 다수와의 싸움에서 실패했다. 아도르노와 호르크하이머는 따르면, 니체는 헤겔이후 계몽의 변증법을 인식한 몇 안 되는 철학자 중의 한 사람이다. 그 지배에 대한 이중적 관계를 형식화시켰다. 니체는 한편으로 계몽은 민족의 내부로 들어간다. 거기서 모든 성직자들은 속이 검은 족속임을 밝혀내고, 국가의 상황도 폭로하게 한다. 즉 계몽의 과제는 군주나 정치가의 모든 행동이 의도적으로 거짓말한 것을 들추어낸다. 다른 한편으로 계몽은 과거에도 훌륭한 통치기술이었다. 예컨대 중국의 유교, 로마제국, 나폴레옹 그리고 세속과 권력에 관심을 보이는 교황권에서도 볼 수 있다. 인간을 통치하기 위해 왜소한 인간으로 만드는 것은 진보라는 이름의 명목으로 추구되었다. 계몽의 이와 같은 이중성은 역사의 근본원리임이 드러나면서 진보적인 사유로써 진행되어 왔다. 니체는 자신의 주장이 실현됨과 동시에 부정한다. 그리고 삶에 적대시하였던 그의 진리관을 드러낸다.

니체는 근대에 이르러 전제적인 권력들이 계몽주의의 유럽의 문화를 지켜보면서 이 시대가 안고 가야할 명암을 예측하고 있었다. 그는 '개인'은 사라지고 '무리-존재들'이 인간의 가치를 결정하게 되는 계몽의 비극을 주목한다. 즉 니체는 시대의 변화를 '반시대성'이라는 관점에서 온 몸으로 저항한다. 니체의 '새로운 계몽'은 옛 계몽과 대비되는 개념으로서 지배적 인간에게 방향을 설정하는 것이었다. 이러한 방향설정은 참과 거짓, 선과 악과의 관계에서의 계몽, 인간의 자기-극복(인간의 사유), 가장 힘 있는 인간의 손에 쥐어진 망치로서 영원회귀에 대한 가르침의 과제를 안고 있다. 니체의 관점에서 새로운 계몽은 근본적으로 세계관의 변혁을 꿈꾸고자 한다. 그것도 단순히 옛 계몽과의 대립이나 보존으로서가 아니라 힘에의 의지(Die Wille zur Macht)를 통해 새로운 가치정립의 시도로서 순전한 의미의 창조인 것이다. 힘에의 의지는 운동과 변화 속에서 더 많은 힘을 추구하는 의지들의 관계에 의해 구성된다. 그래서 힘에의 의지는 자존적이지 않기 때문에 단수가 아니라 복수다. 다수의 힘에 의지들의 관계-세계로서의 세계는 지속적인 변화와 생성 중에 있다. 따라서 힘에의 의지는 한순간도 동일성을 유지하지 않으며, 다수로 존재하는 힘에의 의지들의 관계-세계일 뿐이다.

니체의 새로운 계몽은 영원회귀의 가르침, 즉, 소크라테스, 플라톤, 그리스도교, 계몽주의가 와해시켰던 권위와 전통의 '차이'를 존중할 줄 알고 선입견의 복권을 통해 건강한 개인과 사회를 복원시키는 것이다. 니체의 영원회귀는 내가 행했던 모든 것들, 그리고 그것을 가능하게 한 모든 것들을 결합해서 전체가 무너지지 않는 한, 그 어떤 것 하나라도 제거되지 못할 정도로 완벽하게 통일된 하나의 전체를 만드는 것이다. 니체에게 있어서 존재란 다른 것이 되기를 원하지 않는다. 니체의 영원회귀의 가르침은 어떠한 우연을 원하지 않고 자신의 삶이 있는 그대로 영원히 반복되기를 꿈꾼다. 즉 우리(영원회귀의 가르침을 따르는 사람들)는 영원성의 초상을 우리의 삶 위에다 새겨 넣는다! 이 생각에는 우리의 삶을 피상적인 것으로 경멸하고 하나의 모호한 다른 삶으로 눈을 돌리도록 가르치는 다른 모든 종교들보다 더 많은 내용을 담고 있다.

이처럼 니체의 영원회귀는 영원성으로부터 삶을 소급하고 있는 것이 아니라 삶으로부터 영원성을 스스로의 '힘에의 의지'에 따라 창조하고자 한다. 무리적 인간으로서 현실이 가져다주는 삶의 우연한 요소에 기대어 자신을 규정하기보다 오히려 다른 어떤 것도 원하지 않는 자신의 주인 되기와 같은 선택을 통해 현실을 정립하고자 했다. 여기에서 삶의 목표가 고등 사기꾼과 같은 종교의 이상주의에 있는 것이 아니라 현실의 긍정에서 선택적으로 생성된 운명애(amor fati)와 같은 자유정신에서 비롯된다. 즉 니체에게 있어서 운명애는 자연의 필연성에 대한 인식이고, 카오스처럼 보이는 떠도는 우연들 중에서 창조와 자유정신에 의해 선택된 필연을 변화에 의해 생성된 존재를 긍정한다. 니체는 차라투스트라의 유고에서는 운명론을 다음과 같이 말한다: "차라투스트라 2. 최고의 운명론(Fatalismus). 그러나 우연 및 창조적인 것과 동일한 운명론(사물 안에서 이미 존재하는 세계질서가 아니라(!) 창조되는 세계질서)." 니체에게 있어서 운명애는 힘에의 의지와 영원회귀의 통일적 연관성을 드러낸다. 즉 운명애는 디오니소스적 긍정, 디오니소스적 현존재이다.

> 내가 사랑하는 것처럼 그러한 실험-철학은 실험적으로 근본적인 허무주의의 가능성을 스스로 선취한다. 물론 그렇다고 하여 그 철학이 하나의 부정, 하나의 부정에의 의지에 머물러 있는 것이 아니다. 오히려 그 철학은 그 역의 것을 통과하여- 공제, 제외, 선택 없이 존재하는 그대로의 세계에 대한 디오니소스적 긍정으로까지 도달하기를 원한다 -그 철학은 영원한 순환을 원한다- 동일한 사상, 매듭의 동일한 논리와 비논리를 원한다. 한 철학자가 도달할 수 있는 최고의 경지이다: 디오니소스적으로 현존재를 대하는 것 - 이를 위한 하나의 표현형식은 운명애이다.

따라서 위 인용문에서처럼, 운명애는 한 철학자가 도달할 수 있는 디오니소스적인 현존재를 대하는 것에 대한 표현형식이다. 삶의 중심을 삶에 두고 살아가는 인간들에게 있어서 세계는 곧 '생성'의 연속이다. 이른바 변하지 않는 '존재'란 없다. 모든 것이 끊임없이 변화하는 가운데 생성과 소멸을 반복한다. 그는 "사건 자체란 전혀 존재하지 않는다"는 해석의 창조자로서 사물의 질서를 자신의 관점에 따라 새롭게 배열하고자 한다. 그렇게 할 수 있을 때 그는 자신이 자유롭다는 것을 안다. 자기 자신마저도 '목적'이 아니라 '수단'으로서 자신을 보다 더 높은 인간의 봉사자이고자 하며, 기꺼이 생성되는 자로서 의미 실험의 대상이 되고자 한다. 그러한 까닭에 개체는 자신의 의지에 의해 이루어지지 않는 그 어떤 삶의 조건에 대해서도 배격한다. 그는 상승과 하강 사이의 전쟁, 삶에의 의지와 삶에 대한 격렬한 복수욕 사이의 전쟁으로서 민족과 신분과 종족과 직업과 교육과 교양의 모든 불합리한 우연들을 가로지르는 전쟁을 시작한다.

요나스에 의하면, 니체가 신의 죽음 이후에는 이제까지와는 전혀 다른 강건함과 용기를 미래에서 나타날 자유로운 정신들에서 요구하지 않았다는 것이다. 즉 요나스는 니체가 이름붙일 수 있는 유일한 대안이 곧 위버멘쉬이었다는 것이다. 그것은 화(火)를 복으로 만드는 것과 같으며, 과거에 알고 있었던 것을 조금 더 발전시킨 것에 불과하다고 본다. 인간과 마찬가지로 위버멘쉬라는 것은 항상 있어 왔으며 미래의 위버멘쉬는 과거와는 다르게 등장하게 될 것이다. 하지만 니체는 위버멘쉬가 나타날 개연성을 높이기 위해 구체적으로 무엇을 해야 하는지, 또한 초인이 사유할 수 있는 영역을 말해 주지 않았다고 요나스는 비판한다.

chapter 10

블로흐의 유토피아 희망철학에 대한 요나스의 비판

chapter 10

블로흐의 유토피아 희망철학에 대한 요나스의 비판

요나스의 유토피아주의 대한 비판은 에른스트 블로흐(Ernst Bloch, 1885~1977)가 『희망의 원리』(1938~1947)에서 절정에 이른다. 요나스의 근본적 물음은 지구상에서 유토피아주의가 실현가능한 대안일 수 있는가에 있다. 유토피아주의의 일차적 요구는 모든 사람들의 욕구를 충족시킬 수 있는 물질적 풍요를 성취해 내는 데 있다. 블로흐는 마르크스의 사상을 유토피아주의적 관점에서 재해석한다.

블로흐에 따르면, 모어, 캄파넬라, 베이컨, 피히테로 이어지는 유토피아 사상은 인식론적으로 제대로 발전하지 못한 한계를 지닌다. 이에 비해 마르크스는 "이미 이루어진 것이 아니라 오히려 도래하고 있는 경향과 관계되는 지식의 개념을 사람들에게 알려주는 역동적 세계관을 갖고 있다." 블로흐는 마르크스의 유토피아가 '인간은 타인에 대해 인간적이어야 한다'는 더 좋은 세상의 기본 법칙을 추구하면서 소외가 없는 사회를 형성할 수 있는 단서를 부여하고 있다고 주장한다.

블로흐는 그의 희망의 철학에서 사슬에서 해방된 기술을 통해 자연과 지구의 행성개조가 가능할 뿐만 아니라 여기서 마르크스가 예언한 "자유의 왕국"이 실현될 수 있는 유토피아를 설계한다. 마르크스는 노동의 필연성으로부터 얻어지는 자유가 비로소 풍요로운 인간 본성의 발전을 가능하게 자유의 왕국에 도달하게 된다고 주장한다. 즉 마르크스는 필연성으로부터 자유를 도출했다. 마르크스의 자유의 왕국은 실제로 궁핍과 외부의 목적으로 규정된 노동이 중단된 곳에서 비로소 시작된다. 그것은 성격상 실제적으로 물질적 생산 영역의 저편에 놓여 있다. 여기서 핵심은 자유와 노동이다.

무엇보다 요나스가 보기에 마르크스가 자유의 왕국을 보장하는 자유는 노동과 노동에 대한 필연적 자유였다. 즉 요나스는 노동에 반드시 필요한 근거를 지우는 외적인 목적을 위한 노동으로부터 자유를 말해야 한다고 본다. 블로흐는 마르크스적 자유의 왕국을 "완전한 삶", "인간왕국", "황금시대", "절대적 목표 개념", "모든 사람들의 어린 시절에 나타나지만, 아직 아무도 가지 않았던 어떤 곳, 고향"을 마르크스가 추구한 마지막 추진력이라 불렀다. 블로흐에 따르면, 마르크스주의가 원하는 것은 유토피아이지 그 이상도 이하도 아니었다. 마르크스적 유토피아론자들은 기술의 진보방향을 언제나 사회적으로 조절가능하다고 보았으며, 진보의 결실을 사회적으로도 제대로 배분할 수 있다고 믿었다. 그래서 블로흐는 마르크스주의의 철학을 미래의 철학이며 과거 속에 들어있는 미래의 철학이라고 말한다. 블로흐는 마르크스주의가 관념론적 변증법의 합리적 핵심뿐만 아니라 동시에 유토피아의 핵심을 구출하여 이를 구체화시켰다고 강조한다. 블로흐는 구체적인 유토피아를 구축하고자 했다. 그에게서 구체적이 유토피아란 마르크스주의를 뜻했다. 블로흐는 구체적이란 용어를 통해 마르크스의 과학적 사회주의를 그의 이론에 적용했다. 또한 그는 마르크스 사상을 유태교에 기원을 둔 메시아주의의 신학전통과 결합하고자 했다. 블로흐의 마르크스주의는 형이상학적 유물론과 무신론적 신학을 매개한 변증법의 철학이었다. 말하자면 블로흐의 유토피아 철학은 정신과 물질, 인간과 자연, 형이상학과 과학기술, 신학과 유물론을 매개했다.

블로흐는 『희망의 원리』에서 다음과 같이 묻는다. "우리는 누구인가?, 우리는 어디서 오는가?, 우리는 어디로 가는가?, 우리는 무엇을 기대하는가? 무엇이 우리를 기대하고 있는가?" 블로흐는 이 물음들에 대한 답변들을 혼란스럽게 하는 이유를 서구 철학이 희망을 상실했기 때문이라는 것이다. 블로흐는 '아직 의식되지 않은 것'(das Noch-Nicht-Bewuβte)이나 '아직 이루어지지 않은 것'(das Noch-Nicht-Gewordene)으로서의 '미래나 "아직-있지 않은 것(Ontologie des Noch-Nicht-Seins)"의 존재론에 근거하여 참된 세계의 시작은 마지막에 있으며, 이 세계의 역사는 이제껏 아직 실현되어 본 적이 없는 유토피아적 고향상태를 지향하고 있음을 설계한다. 블로흐에게 있어서 진정한 존재란 실제로 주어진 현실에는 거의 존재하지 않는다고 본다. 그래서 블로흐는 아직 이루어지지 않은 것, 아직 성공을 거두지 않은 것에 관한 문제가 철학의 기본 주제라 말한다.

그의 철학적 테마의 징표는 '아직 아니다(Noch-Nicht)'이다. 즉 블로흐는 "아직 이루어지지 않은 가능성을 기대하고 희망하며 지향하는 것"이 인간 의식의 기본형태라는 것이다. 블로흐는 '아직 아닌 존재(das Noch-Nicht-Sein)'의 존재론을 통해 저 너머에 있는 순간으로 나아갈 수 있다고 보았다. 즉, 블로흐는 『희망의 원리』에서 인간을 '아직 아닌 존재'로 파악한다. 블로흐는 '아직 없음'이라는 현실이해의 존재론적 개념을 미래지향의 희망개념과 연관시켰다. 특히 그는 인간에게서 굶주림과 결핍의 요소에서 인간을 존재하게 하는 충동과 생명력의 원천을 찾았다. 즉 인간의 본능적 충동으로서의 기본적인 욕구는 굶주림에서 나온다. 인간에게서 굶주림(Hunger)이란 결핍의 또 다른 표현인 것이다. 인간의 본능적 충동은 결핍에서 발생한다. 말하자면 블로흐에게 있어서 인간은 결핍을 지향하고 결핍을 '없음' 또는 '무(das Nicht)'이다. 즉, 인간존재의 내적 갈등인 굶주림은 리비도

(Libido)와 유사하다. 블로흐는 인간을 본능존재로 인식한다. 인간은 언제나 가변적이고 본능적 존재이며, 언제나 변화는 욕구들의 덩어리라 말한다. 인간의 본능적인 욕구가 삶을 결정한다. 그래서 블로흐는 인간의 본능적 충동은 굶주림이며 이것이 인간을 충동하는 힘이라 말했다. 블로흐의 유토피아의 희망은 곧 낮에 꾸는 꿈과 연관되어 있다고 생각했다.

> 우리는 밤에만 꿈을 꾸는 것이 아니라, 깨어 있을 때도 꿈을 꾼다. 이 두 가지 종류의 꿈은 다음과 같은 공통점을 지니고 있다. 즉, 그것이 우리의 갈망에 의해 활동하며, 우리가 이러한 갈망을 성취하려고 점 말이다. 그러나 이 두 가지의 꿈들은 서로 동일하지는 않다. 낮 꿈속에는 자아가 지속적으로 등장하고 있다.

블로흐에게서 어두움이라는 낮 꿈은 부정적인 것이 아니다. 낮 꿈은 밝은 곳에서 드러나는 배경이 되며, 낮 꿈의 개체들은 어둠에서 뛰쳐나와 유토피아로 향해 나간다.유토피아는 "더 나은 삶에 대한 꿈으로서 새로운 가능성을 희망한다." 그리고 이를 현실화시키려는 인간의 기본적 욕구를 반영한다. 따라서 블로흐는 본래적 인간들이 역사상 존재하였는가라는 문제에 대해 희망으로서 긍정적으로 받아들여 완벽한 존재론으로 표현하고자 한다. 블로흐의 "아직-있지 않은 것"의 존재론은 "S는 아직 P가 아니다. 즉 "주어는 술어가 아니다"라는 명제로 정식화된다. 요나스가 블로흐가 언급하는 P는 S가 도달할 수 있을 뿐만 아니라, 참으로 S가 되기 위해서는 당도해야만 하는 것으로 생각한다. 그리고 S는 P가 아닌 한에서 자기 자신을 완전하게 실현하고 있지 않은 것이다. 그것이 P가 아닌 한 결코 자기 자신도 될 수 없는 것이다. 존재론으로는 S는 P에 대한 경향적 잠재성의 개념을 지닌 목적 지향적 주체이다. 블로흐의 관점에서 S가 P가 되기까지는 '아직 아닌 것', '미완성의 현실'을 의미한다. 요나스는 블로흐의 '아직 아님'의 존재론은 과거에 대한 모독이라는 것이다. 왜냐하면 아직 아님의 존재론은 언젠가 나타나게 될 유토피아가 최고이며, 그 이전까지 모든 시간들은 단지 '아직 아님'의 시기에 불과한 것으로 생각하기 때문이다. '아직 아님'의 모든 시간들은 어떠한 독자성이나 현실성도 없다. 요나스가 보기에 인간들의 모든 현재는 그 자체가 목적이며, 모든 역사적 시대는 신과 직접 마주하고 있다. 나름대로 현재는 목적을 갖고 있으며, 마침내 그 어떤 것도 능가할 수 없다. 따라서 블로흐의 유토피아 철학은 진실한 인간주의 회복을 선포하는 메시아의 사상으로 가득 차 있다. 그는 희망과 유토피아, 즉 인간을 위한 '자유의 왕국' 또는 '하느님이 없는 하느님의 나라'를 새로운 세계의 개념으로 제시했다.

요나스는 블로흐를 포함하여 유토피아주의자들이 유토피아적 내용 규정을 실패하고 있다고 생각한다. 블로흐가 유토피아로서 제시한 육체노동과 정신노동의 차별을 제거한 것이나, 인간 품위에 적합한 활동적 여유에 대해 요나스는 비판적 태도를 취하고 있다. 블로흐가 역사의 궁극적 가능성으로 설정한 "모든 것" 또는 "아무것도 아닌 것"이란 양자택일의 사고에 대해 요나스는 유토피아주의가 약속하는 물질적 풍요와 비교하였을 때 위협적인 것이라 비판한다. 요나스의 관점에서 유토피아의 인간학적 오류는 인간의 본질에 관한 관점의 오류라는 것이다. 인간의 현재는 불확실한 지금 그대로가 충분한 가치가 있다는 것이다. 불확실성은 언제나 내재해 있는 양자택일성이다. 이러한 불확실성은 인간존재가 견뎌내야만 하는 근거인 것이다.

따라서 요나스는 블로흐가 "소외없는 현존재가 어떠한 상황에서 벗어난다 할지라도 인간의 유한성으로 인해 미래에도 그러한 일은 발생하지 않을 것"이라 말한다. 그러므로 유토피아주의의 오류는 유토피아주의가 신비스러운 개인적이고 주관적인 생각을 뒤집어 생각해야 하며 보편적이고 보다 확고한 생각을 전환할 수 있게 나아가야 한다.

한스 요나스(Hans Jonas)의 생태학적 사유 읽기
- 『책임의 원칙』 독해 -

chapter 11

유토피아에서 새로운 책임의 윤리로

chapter 11

유토피아에서 새로운 책임의 윤리로

요나스의 책임윤리는 21세기 과학기술시대의 광범위한 문화 비판이자 동시에 기술비판이라 할 수 있다. 앞서 언급하였듯이, 요나스는 인간의 본질을 시대에 따라 변화해 왔기 때문에 윤리도 이제 변화해야 한다고 주장한다. 이런 점에서 그의 책임윤리는 "새로운 미래의 윤리"를 세우고자 한다. 이렇게 요나스의 『책임의 원칙』에는 미래윤리의 원칙이 조심성 있게 포함되어 있다.

무엇보다 그는 미래에는 책임이 더욱 중요한 역할을 하게 되었다고 말한다. 특히 그가 새롭게 수용하려는 윤리의 방향은 "도덕관"을 다시 새롭게 정립하여 구체적인 모델로 삼아, 변해버린 인간의 본성을 우리의 삶 속에서 구체화시키고자 하는 작업이었다. 이에 따라 요나스의 중심적인 모델은 미래의 도덕적인 의무를 세우는 것이다. 이러한 맥락에서 그의 『책임의 원칙』은 자연과 인간의 관계를 그 이전과는 다소 다른 논리를 통해 그 해결책을 찾고자 한다. 그래서 요나스는 지금까지 윤리의 원칙과 타당성에 대해 개인의 도덕성에 한정시켜 이야기하지 않는다. 그는 인간의 행위결과는 단지 개인적인 책임에 머물러 있는 것이 아니라 집단적으로 책임져야 할 영역으로 점차 확충하고자 한다. 그는 칸트가 자주 언급하는 것, 즉 "반드시 너는 약속을 지켜야 하며 거짓말을 하지 말아야 한다는" 정언명법을 "너의 행위의 영향이 믿을 수 있게 영원히 지상의 진정한 인간적인 삶이 되도록 행위 하라"고 말한다. 이러한 발언은 미래의 책임에 대해 심각하게 고민한 흔적에서 나왔다.

그러면 요나스가 주장하는 자연에 대한 책임과 미래세대를 위한 책임은 서로 어떠한 연관관계를 맺고 있을까? 새로운 책임윤리가 현 상황을 극복할 수 있는 이론적 대안이 될 수 있을까? 이러한 물음들은 손쉽게 답변을 내릴 수 있는 상황은 아니다. 하지만 21세기 인류의 운명은 "향후 자연에 대해 어떤 태도를 취하는가에 따라 달려 있다. 인간이 아직도 얼마만큼 행위를 더 할 수 있는가가 아니라 자연이 얼마만큼 견딜 수 있는가의 문제"로 다가왔다. 온 지구가 세계의 종말에 대해 예측하고 있는 현 상황에서 인간이 스스로 승리자라고 자처한 승리는 승리자 자신을 오히려 위협한다는 사실을 똑바로 깨달아야 한다. 이런 점에서 요나스는 인간과 자연, 자연과 인간의 관계를 다음과 같이 말한다.

"오늘날 많이 논의되는 인간과 자연의 관계에 관한 물음에 핵심적 역할을 담당하는 것은 바로 살아있는 것과 우리를 위해 어떤 생명도 가지고 있지 않은 것의 구별이다. 만약 우리가 자연에 대한 인간의 관계를 말하고 특히 자연에 대한 인간의 책임을 말한다면, 그것은 우리가 지각하는 은하계에 대한 책임을 말하는 것이 아니라 지상의 사물들, 곧 지구표면에 존재하고 있는 것과 유기체적 생명을 지닌 얇은 껍데기에 대한 책임을 말하는 것이다. 이 자연은 살아있기 때문에 훼손될 수 있다. (....) 우리로 인해 실제로 위협받는 것은 오직 살아있는 자연이다. 살아있는 자연 안에도 아주 특별한 자연, 우리의 존재 자체인 그런 종류의 자연, 정신을 보여주는 종류의 자연이 위협받고 있다."

예전부터 인간과 자연, 자연과 인간은 긴장과 대립, 그리고 화해의 관계를 지금까지 지속되어 왔다. 인간은 자연에 의해 어떠한 제재를 받지도 않았고 모든 것이 허용되었던 까닭에 자신들의 창조적인 자유도 존재하였다. 그런데 이러한 창조적인 자유는 인간의 기술적 능력에 관한 어떠한 요구도 제기하지 않는다. 계속해서 우리 인간이 자신의 목적만을 위해서 무리하게 자연을 착취한다면, 돌이킬 수 없는 파국을 맞게 될 것이라는 사실은 분명한 현실로 다가왔다. 우리가 이러한 비관적인 생각을 하는 이유는, 생태의식뿐만 아니라 책임윤리의식을 제대로 인식하지 못하고 있기 때문이다. 21세기의 불확실한 우리의 미래는 "생명에 대한 책임이 개인이나 공동체에 상관없이 직접적으로 현재의 행위"에서 비롯되었다.

우리가 먼저 오늘날 생태 위기의 관점에서 요나스의 『책임의 원칙』에서 긍정적인 측면을 찾는다면, 현재 잔뜩 일그러진 이성의 자화상을 회복시켜 그가 기술문명에 대한 책임윤리의 출발점으로 삼아야 한다. 즉 "너의 행위의 영향이 진정으로 지상에서 인간적인 삶이 되도록 행위 하라", "너의 행위의 효과가 지상에서의 진정한 인간적 삶을 지속적으로 조화될 수 있도록 행위하라"와 같은 발언들은 21세기에도 인간의 지속적인 실존을 위해 모든 사람들의 가슴속에 여전히 피부에 와 닿는 격률임에 틀림없다. 또한 요나스의 『책임의 원칙』에서 개별적인 위험에 관한 "공포의 발견술"은 미래의 불확실성을 예언하는 여러 규칙들을 훌륭하게 소화하였다는 사실이다. 인류는 좋은 것만을 청취하기 이전에 닥쳐올 불행의 예언에 당연히 귀를 기울여야만 한다.

이렇듯 요나스의 책임윤리는 지속적인 미래세대에 대한 윤리다. 미래세대의 윤리는 미래세대에 대한 책임이자 동시에 미래세대에 대한 의무이다. 이것은 정책이나 개개인의 행위를 선택함에 있어서 미래세대의 이익을 고려하는 윤리이다. 미래세대를 중요시 여기는 입장에서는 가까운 자손의 이익뿐만 아니라 자신과 관계없는 사람들의 이익이나 아득히 먼 미래에 사는 사람들의 이익까지도 고려해야 하는 것이다.

우리가 지금까지 살펴보았듯이, 환경문제와 관련하여 미래세대에 대한 윤리의식을 갖게 된 것은 비교적 최근의 일이다. 1960년대 이후 핵폐기물의 처리 · 대기오염 · 수질오염 · 화석연료의 유한성 · 삼림의 감소 · 인구폭발 · 산성비 · 오존층의 파괴 지구온난화 같은 환경문제가 심각하게 나타난 것에 유래한다. 미래세대의 윤리는 첫째, 자기만족이나 자신의 이익을 위하는 것에서부터 출발한다. 일반적으로 미래세대의 이익에 배려하는 것이 경제적 이익이나 자기만족에 연결되는 경우에 환경보호에 대한 동기부여가 강렬해지기 마련이다. 그리고 그것은 개인의 경우뿐만 아니라 기업의 경우에도 마찬가지다. 환경보호에 적극적인 기업이 증가하여 왔던 것은 환경보호에 협력적인 것이 기업의 이익에 연결된다고 기업이 생각하게 되었기 때문이다.

둘째, 미래세대의 윤리는 자신의 덕성이나 도덕적 감수성의 향상을 위해 혹은 자신의 인격의 가치를 향상시키기 위한 것이다. 미래세대의 이익을 고려하는 것이 우리들의 도덕적 감수성의 향상을 위해 유익하다. 이와 같은 근거에 의해 미래세대의 윤리를 정당화할 수 있다. 셋째, 우리의 선조로부터 받은 은혜를 갚아야 한다. 우리의 선조는 우리에게 아름다운 자연과 거주 가능한 환경을 남겨 주었다. 그렇기 때문에 우리들도 그 은혜에 보답하여 자손에게 아름다운 자연을 물려주어야 할 의

무가 있다. 넷째, 현세대가 미래세대에 대해 공감해야 한다. 특정한 타인에 대한 의무는 그 타인에 대한 공감으로부터 유래하는 것이 많다. 그러나 자신의 자식에게는 공감할 수 있다고 할지라도 향후 만날 일이 없는 자손에게 공감하는 것은 어렵다. 그리고 현세대가 자손의 불행을 절실하게 실감하는 것이 어렵다. 다섯째, 모든 세대의 이익에 대한 평등한 배려가 있어야 한다. 현재든 미래든 어느 세대이든지 소속된 사람의 이익을 평등하게 고려해야 한다. 그러나 현재 우리 자신은 어느 세대에 속하고 있는지 제대로 인지하지 못하는 경향이 많다. 자신이 어느 세대에 속하고 있는지를 제대로 깨닫지 못한다고 가정했을 때, 지지할 수 없는 기본정책이나 원칙은 공평하고 타당한 정책이라 말할 수 없다. 여섯째, 미래세대의 복지에 관한 것이다. 지금껏 미래세대의 복지는 환경정책에 관해 행복의 총량의 최대화를 도모하는 공리주의를 전제로 하는 논의가 행해지는 일이 많이 있어 왔다. 이와 같은 경우에 우리는 미래세대의 행·불행이나 쾌고(快苦), 그리고 욕구나 이해를 신중히 고려해야 한다.

그러나 아직 존재하고 있지 않은 미래세대의 쾌고, 욕구, 이익을 구체적이고 정량적으로 고려하는 경우에는 많은 문제가 발생한다. 일곱째, 우리들에게는 미래세대에 대한 일방적 책임이 있다고 말할 수 있다. 우리들은 미래세대에 대해 상호 의

무가 아니라 일방적인 의무를 갖고 있는 것으로 볼 수 있다. 우리들의 현세대인 인간에게는 자식에 대한 부모의 책임과 마찬가지로 미래세대에 대한 책임이 있다고 말할 수 있다.

21세기의 환경문제는 아직도 인간이 얼마만큼 행위 할 수 있을 것인가가 아니라 자연이 얼마만큼 견딜 수 있는지에 초점을 맞추어야 한다. 지구 자체가 세계의 종말을 예견하고 있는 현 시점에서 과도한 승리의 믿음은 승리자 자신을 오히려 위협하고 있다는 사실을 깨달아야 한다. 요나스가 정의 · 평등 · 사랑에 기초한 전통윤리와는 다르게 미래윤리의 원칙으로서 책임을 내세우는 까닭은 무엇일까? 앞에서 언급했듯이, 전통윤리는 행위의 결과를 우리가 직접 경험할 수 있는 인간 상호간의 관계만을 문제시하였기 때문에 그 결과가 먼 미래에 나타나는 자연에 대한 인간의 기술행위를 규제하기에는 한계를 보이고 있다는 사실이다.

우리의 생명은 지속 가능한 존재다. 생명은 살아가기 위해 존재의 가능성을 끊임없이 보장해야 하며 동시에 행위 한 결과에 대해 반드시 책임을 져야 한다. 그래서 생명은 존재에 대해 지속적으로 책임을 져야 한다. 우리 인간은 이제껏 알려진 생명체 중에서 자신의 권력을 반성할 수 있고 책임을 질 수 있는 유일한 존재이기에 더욱 그러하다. 책임을 질 수 있다는 능력은 곧 책임을 마땅히 져야한다는 당위성을 동반한다. 왜냐하면 책임의 윤리적 능력은 근본적으로 다양한 행위의 가능성들을 의식적으로 선택할 수 있다는 존재론적 능력에서 나오기 때문이다.

향후 미래의 생태윤리는, 인간이 추구하는 선이 무엇이고, 인간은 어떤 존재이며, 무엇 때문에 행위 해야 되는 가에 대해 이야기해줌으로써 미래의 학문으로 우뚝 서야 할 것이다. 인간의 신념은 이 세상에 존재하는 생명들을 기술문명에 희생되지 않도록 지켜줄 수 있다. 미래의 인간은 반드시 생명의 생태학적 존재론에 기반하여 이해해야 한다. 우리의 생명은 자신의 실존 가능성에 대해 언제나 긍정적 대답을 이끌어 내야 한다. 무와 비존재의 가능성에 대립하여 존재는 자기 자신을 긍정하고, 자기 자신을 유일한 목적으로 만드는 방식이 다름 아닌 생명인 것이다. 따라서 인류가 현재나 미래에도 존재해야 한다는 사실은 오로지 인간에게만 관계되는 첫 번째 명법이다. 그러므로 책임은 인간의 신념에서 나타난 목적론적 정언명법이다. 그렇기 때문에 인간은 자연의 목적에 위배되는 행위를 해서는 안 된다. 인간이 자연에 종속되어야 하는 이유가 "마땅히 해야 한다"는 정언명령에서 나온 것이라면, 그것은 목적론적 관점에서 나와야 할 것이다.

궁극적으로 요나스의 책임윤리는 그동안 많은 철학 및 윤리학자 · 사회과학자 · 자연과학자 등을 중심으로 그의 이론을 꾸준히 계승 · 발전시켜 나아가고 있다. 따라서 우리가 요나스의 책임윤리를 통해 21세기에 닥쳐올 미래의 위기 및 생태 위기를 극복하려는 시도는 다양한 분야의 영역에 걸쳐 있는 담론들, 즉 정치 · 철학 · 사회과학 · 자연과학 등과 허물없이 만나서 서로 허물없이 청취해야 한다. 또한 우리는 미래세대를 위한 책임을 분명하게 인식하고 이를 실천적으로 수행해야 한다. 따라서 우리 인류가 지속적으로 존재해야 한다는 사실은, 우리가 미래의 인간에 대해 책임을 다하는 것이 아니라 우리가 각자 갖고 있는 인간의 신념에 대해 책임을 져야 하는 것을 뜻한다.

결국 "우리 인간의 신념은 왜 존재해야만 하는가?"에 대해 말할 수 있어야 하며, "어떻게 인간이 존재해야만 하는가?"를 또한 설명해 주어야 한다. 이러한 인간의 신념에 대해 우리의 책임은 일상적으로 실존적 삶에서 부딪치면서 자각해 나아가야 할 것이다.

참고문헌

참고문헌

구승회, 「한스 요나스: '책임의 윤리'의 자연철학적 기초」, 『에코필로소피』, 새길 1995.
구인회, 「행위와 도덕적 책임에 관한 고찰」, 『철학연구』 제47집. 철학연구회 1999 겨울.
김명진, 「대중영화 속의 과학기술 의미지」, 『진보의 패러독스』, 당대, 1999.
김영식, 『과학혁명』, 민음사 1985.
김종국, 「기술공학 시대는 새로운 형이상학을 요구하는가?」, 『철학』 제43집, 1995 봄, 한국철학회,
______, 『책임인가 자율인가?』, 한국학술정보(주), 2008.
김 진, 「칸트철학의 생태주의적 전회」, 『칸트와 생태주의적 사유』, 울산대학교 1998.
______, 『칸트와 생태주의적 사유』, 울산대학교 출판부 1998.
길리스피, 찰스 쿨스톤, 이필열 옮김, 『과학의 역사』, 종로서적 1983.
디터 비른바하, 「기후책임은 분담의 문제다」, 하랄드 벨처외, 『기후문화-기후변화와 사회적 현실』, 성균관대학교 출판부, 2013.
로시. 파울로, 「베이컨의 과학에서의 진리와 효용」, 김영식편, 『과학 속의 역사』, 창작과 비평사 1982
박이문, 『문명의 위기와 문화의 전환』, 민음사 1997.
뵈메. 울리히., 이진우 옮김, 「정신과 자연, -바이체커와 요나스의 대담」, 『철학의 오늘』, 끌리오 1999
선우현, 「끝없는 발전의 도정으로서 유토피아: 새로운 유토피아의 모색」, 『시대와 철학』, 제11권 2000, 봄, 한국철학사상연구회.

아이디, 돈, 김성동 옮김, 「기술과 인간: 한스 요나스」, 『기술철학』, 철학과 현실사 1997.
양해림, 『에코 · 바이오테크시대의 책임윤리』, 철학과 현실사, 2006.
______, 「기후변화와 책임윤리」, 『환경철학』, 제8집, 한국환경철학회, 2009.
______, 『기후변화, 에코철학(ECO)철학으로 응답하다』, 충남대학교 출판문화원, 2016.
이동희 · 문석윤, 「동서철학에서 자연과 역사의 의미」, 『인간과 자연』, 철학과 현실사, 1998.
임철규, 『왜 유토피아인가』, 민음사 1994.
이상헌, 『생태주의』, 책세상, 2011.
이진우, 「한스 요나스의 생태학적 윤리학」, 『탈현대의 사회철학』, 문예출판부 1993.
______, 「기술시대의 생명윤리」, 『문학과 사회』, 33호. 1996 봄호.
임홍빈, 『기술문명과 철학』, 문예출판사,1995.
자코비, 러셀, 강주헌 옮김, 『유토피아의 종말』, 모색 2000.
포스트먼, 닐., 김균 옮김,『테크노폴리-기술에 정복당한 오늘의 문화』, 민음사, 2001.
한정선, 「한스 요나스의 현상학적 생명이해」, 『자연의 현상학』, 철학과 현실사 1998.
호르크하이머/아도르노, 김유동외역, 『계몽의 변증법』, 문예출판사 1996.
호이카스, R., 손봉호외역, 『근대과학의 출현과 종교』, 정음사 1987.

Apel, K-O., *Diskurs und Verantwortung*. Frankfurt a. M. 1990.
Bacon, F., übers. v. Bugge, *Neu-Atlantis*, Stuttgart, 1982.
______, *Novum Organum, The Works of Francis Bacon*, ed. by Basil Montague, Bd. 14. London, 1827.
______, *The Works of Francis Bacon*, Bd. 1. Ed. Basil Montagu(London, 1825).
Böhme, G., *Am Ende des Baconschen Zeitalters*, Frankfurt/M., 1993.
Birnbacher, D., *"Natur als Masβstab menschlichen Handelns"*, *in*: D. Birnbacher(Hg.), *Ökphilosophie*, Stuttgart: Reklam 1997.
Birnbacher, D., *Verantwortung für zukünftige Generation*, Stuttgart 1988.
Böhler, D., "Hans Jonas Stationen, Einsichten und Herausforderungen eines Denklebens," in: ders(Hg.), *Ethik für die Zukunft*. München

1994.

_____., *Hans Jonas -Stationen eines Denkens: Von der Hermeneutik zum "Prinzip Verantwortung"*, in: ders(Hg.), *Herausforderung Zukunftsverantwortung*, Münster 1992.

Brandt, R.,"Bacon," J. Speck(Hg.), *Die Idolenlehre. Grundprobleme der groβen Philsophie der Neuzeit* I, Göttingen, 1979.

Erich Müller, W., "Zur Problematik des Verantwortungsbegriffs bei Hans Jonas," in: *Zeitschrift für evangelisch Ethik*, 33-3 (1989).

Grinke, H., "Epoche der Utopie." D. Böhler(Hg.), *Ethik für die Zukunft. Im Diskurs mit Hans Jonas*, München, 1995.

Gatzemeier, M.(Hg.), *Verantwortung in Wissenschaft und Technik*, Wien 1989.

Gethmann-Siefert, G., *"Ethos und metaphysische Eros. Zu den Grundlagen von Hans Jonas' Ethik der Verantwortung"*, in: H. Schnädelbach(Hg.), *Philosophie der Gegenwart- Gegenwart der Philosophie*, Hamburg, 1993.

Gronke, H., *Epoche der Utopie*, in: Dietrich Böhler(Hg.), *Ethik für die Zukunft. im Diskurs mit Hans Jonas*, München 1994.

Heiner H., *Aufklärung und Technik*, Frankfurt a. M. 1991.

Hill, Ch., *Intellectual Origins of the English Revolution*, Oxford 1965.

Höffe, O., *Moral als Preis der Moderne*, Frankfurt a. M. 1995.

Hubig(Hg.), Ch., *Verantwortung in Wissenschaft und Technik*, Berlin 1990.

Jonas, H., *Das Prinzip Verantwortung. Versuch einer für technologische Zivilisation*, Frankfurt a.M. 1984 (이진우 옮김, 『책임의 원칙: 기술시대의 생태학적 윤리』, 서광사 1994).

_____, *"Prinzip Verantwortung. Zur Grundlegung einer Zukunftsethik"*, in: Angelika Krebs(Hg.), *Naturethik*, Frankfurt a. M. 1997.

_____, *Materie, Geist und Schöpfung*, Frankfurt a. M, 1988.

_____, *Warum die Technik ein Gegenstand für die Ethik ist?* in: H. Lenk(Hg.), *Technik und Ethik*, Stuttgart: Reclam 1989.

Kautsky, K., *Thomas More und seine Utopie*, J.H. W. Diez Nachf. GmbH(1920)

Koschut, R-P., *Das Prinzip Verantwortung nach Hans Jonas*, in: ders., *Struktur der Verantwortung*, Frankfurt a. M. 1989.

Kodalle, K-M., *"Verantwortung"*, in: Heiner Hastedt(Hg.), *Ethik. Eine Grundkurs*, Hamburg 1994.

Kuhlmann, W., *"Prinzip Verantwortung versus Diskursethik"*, in: ders., *Sprachphilosophie- Hermeneutik -Ethik*, Würzburg 1992

Kurreck, J., *Primat der Furcht. Medizinische Gentechnologie und Prinzip Verantwortung*, in: Dietrich Böhler(Hg.), *Ethik für die Zukunft. im Diskurs mit Hans Jonas*, München 1994.

Lassen, R. E.,"The Aristotelianism of Bacon's Novum Organum," in: *Journal of history of Ideas*, XXIII, No. 4. 1962.

Lenk, H., *Über Verantwortungsbegriff und das Verantwortungsproblem in der Technik, in: H. Lenk(Hg.), Technik und Ethik*, Suttgart 1992.

______, "Verantwortung für die Natur," in: *Allgemeine Zeitschrift für Philosophie*. 8 (1983).

Marx, K., *The Poverty of Philosophy, in: Manifesto of the Community Press*, Collected Work, New York 1976

Obermeier, O.P, "Technologische Zeitalter und Problem der Ethik," in: *Philosophische Jahrbuch*. 88 (1981),

Pfordten, v.d. D., *Ökologische Ethik*, Hamburg 1996.

Reese-Schäfer, W., *"Die nichtdiskursiven Modell von Hans Jonas und Hermann Lübbe als Gegenbild"*, in: ders., *Grenzgötter der Moral*, Fankfurt a. M. 1997.

Ropohl, G., Das Risko im Prinzip Verantwortung, in: *Ethik und Sozialwissenschaft*, 1(1994).

Rossi, P., Francis Bacon; From Magic to Science, University of Chicago Press, 1968. (박기동역, 『마술에서 과학으로』, 부림 출판사, 1980).

Schäfer, L., *Das Bacon-Projekt, Von der Erkenntnis, Nutzung und Schonung der Natur*, Frankfurt a. M. 1993.

Schäfer, L., *Das Bacon-Projekt. Von der Erkenntnis, Nutzung und Schonung der Nartur*, Frankfurt a. M. 1993.

Schäfer, L., *"Selbstbestimmung und Naturverhältnis des Menschen"*, in: Oswald Schwemmer(Hg.), *Über Natur*, Frankfurt a. M. 1987.

Schäfer, W., "Die Büche der Pandora. Über Jonas, Technik, Ethik und die Träume der Vernunft," in: *Merkur*. 43 (1989)

Schnädelbach, H(Hg.), *Philosophie der Gegenwart -Gegenwart der Philosophie*, Hamburg, 1993.

Schwemmer, O.(Hg.), *Über Natur*, Frankfurt a. M. 1987.

Vattimo, G., *The Transparent*, Baltimore, Jahns Hopkins University Press, 1992.

Wolf, Jean-Claude, *Hans Jonas: Eine Naturphilosophie Begründung der Ethik, in: A. Hügli(Hg.), Philosophie im 20. Jahrhundert*, Hamburg 1992.

Waas, L., *"Hans Jonas und Prinzip Verantwortung"*, in: der., *Max Weber und Folgen*, Frankfurt/New York 1994.

Wendnagel, J., *Ethische Neubesinnung als Ausweg aus der Weltkrise? Ein Gespräch mit Prinzip Verantwortung von H. Jonas*, Würzburg 1990.

Werner, M. H., *"Dimensionen der Verantwortung: Ein Werkstattbericht zur Zukunftsethik von Hans Jonas"*, in: D. Böhler(Hg.), *Ethik für die Zukunft*, München 1994.